ET 1980

Pharmacopée
ou
RECUEIL
DES REMÈDES DIVINS
ET
D'EXCELLENTES RECETTES

Trouvés dans les papiers d'un vieux curé de campagne après sa mort,

MIS EN ORDRE

Par l'abbé M***

PRIX : 3 fr. 50 c.

CHATELUS.
S'adresser à M. MORIN, curé de Chatelus,
PAR ST-MARTIN-D'ESTREAUX.
(LOIRE).

1864.

Pharmacopée

OU

RECUEIL DES REMÈDES DIVINS

PROPRIÉTÉ.

En vertu des lois qui régissent la presse, toute reproduction de cet ouvrage, même partielle, est interdite.

Pharmacopée

OU

RECUEIL
DES REMÈDES DIVINS

ET

D'EXCELLENTES RECETTES

Trouvés dans les papiers d'un vieux curé de campagne après sa mort,

MIS EN ORDRE

Par l'abbé M*** *(Morin.)*

PRIX : 3 fr. 50 c.

CHATELUS.

S'adresser à M. MORIN, curé de Châtelus,

PAR ST-MARTIN-D'ESTREAUX.

(LOIRE).

1864.

AVANT - PROPOS

Les frais onéreux occasionnés par l'impression et l'écoulement de la première édition de ce petit Recueil qui, au premier abord avait été sans examen et sans connaissance de cause, l'objet ou d'une défiance inexplicable ou d'une insouciance sans nom, nous faisaient un devoir impérieux, dans l'intérêt de nos modiques ressources, de nous en tenir à cette première édition. Notre résolution était définitivement prise à cet égard, lorsque des demandes nombreuses accompagnées de quelques félicitations sont venues relever notre courage abattu et faire revivre dans notre cœur le désir de contribuer dans notre petite sphère au soulagement de quelques-unes des misères de notre pauvre humanité souffrante.

Quelle n'a pas été notre joie quand nous avons appris que notre Recueil avait rendu, entre les mains d'un bon nombre de nos vénérés confrères, d'éminents services dans plusieurs circonstances ! Nous nous y attendions, il est vrai, parce que nous connaissions déjà par une longue expérience l'efficacité des remèdes contenus dans ce petit recueil.

Voici quelques extraits des lettres de remerciements qui nous ont été adressées à ce sujet et à la publicité desquelles nous ne pouvons nous refuser. M. l'abbé Montel, curé de St-Félix-de-Lodez (Hérault), nous écrivait, le 15 novembre dernier, ces mots :

VI

« Votre livre est vraiment précieux. Les petits essais que j'ai déjà faits ont réussi à merveille. Veuillez donc, je vous prie, m'en envoyer un autre exemplaire; je vous en serai infiniment reconnaissant, etc. »

M. Turpin, natif de la Basse-Normandie, actuellement curé d'Aïn-Beïda (Algérie) nous disait dans une lettre datée du 31 janvier dernier :

« Mon bien cher confrère, mon neveu, qui habite avec moi l'Afrique, ayant été atteint de la dyssenterie, maladie presque toujours mortelle et surtout pour les Européens dans ces régions torrides que nous habitons, je pris donc le parti, comme aucun remède ne pouvait le soulager, de le reconduire dans la Basse-Normandie, mon pays natal. Après deux mois de séjour sur les bords de la Manche, il se trouva radicalement guéri; ses forces étaient revenues, et tout allait bien. Alors nous nous remîmes en route pour rentrer dans ma paroisse d'Aïn-Beïda ; mais peu de jours après notre arrivée, le flux de sang reparut ; et c'est cette rechute qui, coïncidant avec la réception de votre prospectus, me décida à faire l'acquisition de votre Recueil. Eh bien ! cher confrère, dès que votre précieux livre m'arriva, l'ayant aussitôt consulté, je mis le soir même mon neveu au traitement qu'il indiquait. 24 heures, je vous l'annonce avec joie, ont suffi pour arrêter ce que tous les remèdes précédents ne semblaient qu'aggraver. Grâce à vous, mon neveu est sauvé. Je vous dois donc mille reconnaissances ; aussi ai-je prôné dans toute la ville, votre Recueil comme il le méritait. Veuillez donc m'en envoyer sept nouveaux exemplaires. »

M. l'abbé Rigal, curé de Ste-Gemme (Tarn), s'exprimait ainsi dans une lettre du 7 septembre 1863 :

« Mon bien vénéré confrère, j'ai reçu votre petit recueil de remèdes; il m'a déjà été très-utile pour soulager et même, on peut dire, pour guérir entièrement deux personnes. L'une avait une fluxion de poitrine très-avancée ; et l'autre avait été frappée d'une attaque d'apoplexie séreuse. Toutes les deux ont échappé à la mort par l'emploi des prescriptions de votre recueil. »

M. l'abbé Ginestel, curé de St-Hilaire de Monflanquin (Lot-et-Garonne), nous écrivait ces lignes le 24 septembre 1863 :

« Monsieur le curé, déjà j'ai expérimenté parmi vos excellentes recettes, le remède contre la dyssenterie sur un enfant de 8 mois. Cet enfant, qui rendait déjà une abondance de sang assez considérable, a été guéri dans moins d'une journée. Le père et un oncle de cet enfant me chargent de vous prier, en vous adressant leurs remerciements, de vouloir bien leur expédier deux exemplaires de votre ouvrage. Vous voudrez bien en adresser un à M. de Godaille, au château de St-Caprais, par Monflanquin, et l'autre à M. de Godaille aussi au château de Crose-Fond, par St-Aubin. »

M. l'abbé Frayssinet, curé de St-Cirgues (Tarn), nous adressait une lettre en date du 10 octobre 1863 :

« Mon bien cher confrère, j'ai reçu votre précieux livre : déjà j'ai eu raison, par les remèdes qu'il indique, de trois maladies ; le mal de dents, un panaris et des accès d'une fièvre si tenace, que la personne qui en était atteinte n'avait pu s'en délivrer depuis deux ans, quoiqu'elle eût employé tous les remèdes possibles et imaginables. »

Nous nous arrêtons là, dans la crainte qu'une énumération plus longue ne devînt ennuyeuse pour plusieurs de nos lecteurs ; les faits que nous avons enregistrés suffisent et au-delà pour faire apprécier la valeur de ce petit recueil, non au point de vue littéraire bien entendu, ce n'est pas à cela que nous visons ; mais au point de vue des services qu'il peut rendre dans plusieurs maladies.

Nous venons de présenter le beau côté de la médaille, il est juste maintenant que nous en montrions le revers. Voici trois lettres qui sont les antipodes de celles que nous venons de citer; mais il est à remarquer que ce sont les seules que nous ayons reçues en ce genre. Elles feront voir une fois de plus qu'il est impossible de contenter tout le monde ici-bas.

Un monsieur à qui nous avions adressé notre livre sur sa demande et la promesse de nous en faire tenir le montant aussitôt après réception, ce qui n'a eu lieu, soit dit en passant, que six mois plus tard, à force de demandes, nous écrivait ceci en nous envoyant le montant arraché à la pointe de l'épée :

« Monsieur, votre livre est bien cher, pour ne donner que des recettes d'une grande médiocrité. »

Nous écrivîmes à ce brave homme pour le prier de nous signaler les remèdes qui avaient réussi et ceux qui avaient échoué. Il nous répondit qu'il n'avait encore fait l'essai d'aucun, et que par conséquent il ne pouvait se prononcer pour le moment.

Quelle logique ! affirmer la médiocrité d'une chose et avouer en même temps qu'on ne la connait pas. Mais que voulez-vous ? il est dans la nature du faux de se trahir continuellement.

Un autre, qui s'était imaginé sans doute qu'un volume in-18 de x-350 pages, comme l'annonçait notre prospectus, devait être semblable à un gros in-4 de M. Migne, nous disait dans une lettre : « Je viens de recevoir votre tout petit livre. Son titre n'est qu'un titre emphatique pour en aider la vente. » Nous demandâmes alors à ce monsieur si notre livre ne contenait pas tous les remèdes, toutes les recettes et le nombre de pages annoncées par notre prospectus. « Tout cela s'y trouve bien, nous dit-il; mais vous n'avez pas tiré ces remèdes du sein de l'Olympe. » Quelle foi ! ou plutôt quelle grande naïveté ! croire que des remèdes ont été apportés du ciel parce qu'ils portent le nom de divins ! Mais grâce à Dieu, tout le monde sait que ce mot dans notre langue est pris souvent pour le superlatif d'excellent.

Enfin un troisième, qui croyait probablement qu'un livre de remèdes et de recettes n'a de valeur qu'autant qu'il est écrit à la manière nébuleuse des œuvres théologico-philosophiques de M. Cousin ou M. Renan, nous disait : « Votre livre ne justifiera pas son titre parce qu'il n'est pas assez sérieux, et les idées ne sont pas assez profondes. » Quelle judicieuse critique ! faire dépendre l'efficacité d'un remède du style d'un ouvrage et des pensées profondes d'un auteur ! qui l'aurait cru ?

Mais comme nous l'avons déjà fait remarquer, nos prétentions n'ont pas été d'écrire un livre de littérature pas plus que de philosophie ; nous avons donc atteint notre but en mettant seulement en ordre les notes laissées par ce vénérable prêtre qui avait obtenu tant de guérisons.

Au reste, nous n'ambitionnons qu'une chose, être utile à nos semblables, guérir, quand les maladies sont guérissables, et soulager du moins quand elles sont incurables : voilà la fin et la seule fin que nous nous sommes proposée. Fasse le Ciel que nos désirs se réalisent et nos vœux les plus chers se trouveront exaucés !

Nous avons enrichi cette nouvelle édition de plusieurs formules de remèdes qui nous ont été communiqués tout récemment comme jouissant par une longue expérience d'une efficacité incontestable (1).

Nous avons aussi ajouté au petit traité des maléfices plusieurs considérations qui nous ont été suggérées par de nouvelles recherches, et qui tout en intéressant la curiosité du lecteur, jetteront sur cette matière de nouvelles lumières. On nous saura gré de cette augmentation qui comble la lacune qui existait sur le petit traité de la première édition.

(1) Parmi ces précieux remèdes se trouvent une recette inédite contre toute espèce de rhumatismes produisant des effets merveilleux, et plusieurs des remèdes dont faisait usage, dans plusieurs maladies avec tant de succès, l'ancien curé du Breuil.

REMÈDES

ET RECETTES

―――>◈<―――

Petit Traité sur l'Apoplexie.

Nous étions en plein mois de juin, et c'était la troisième fois que M. le docteur Mascaut venait passer sur ma paroisse la belle saison de l'été, dans sa maison de campagne de *Côte-Fleurie*, dont il était possesseur depuis cinq ans. J'avais été invité par le docteur à aller passer la journée avec lui dans son agréable oasis. Je m'y rendis donc, après avoir rempli pour ma paroisse les devoirs sacrés et augustes de mon saint ministère.

La journée était des plus belles : pas un nuage ne couvrait le ciel. La terre était toute humide de la pluie bienfaisante de la veille ; une brise fraîche et légère agitait mollement la cime flexible des peupliers. Les oiseaux faisaient entendre leurs gazouillements joyeux dans les blanches aubépines et les chèvre-feuilles qui bordaient le chemin et l'embaumaient de leurs parfums. Je me disais donc en route, frappé par le spectacle ravissant de la nature et par l'aspect de cette belle journée : Oh! que Dieu est grand et puissant auprès de l'homme! oh! quelles sont belles ses œuvres! Ces réflexions laissaient dans mon âme je ne sais quoi de doux et de ravissant ; d'un autre côté j'étais enchanté de passer ce jour avec le docteur, qui était plein d'esprit et fervent chrétien. Chez lui je me trouvais à mon aise.

A mon arrivée, après avoir échangé les politesses et compliments d'usage, je lui dis :

— Docteur, je suis bien content que vous soyez libre aujourd'hui. Vous savez que j'ai une passion insatiable pour la médecine, cet antidote céleste des misères de l'humanité; nous en causerons donc aujourd'hui tout à notre aise. J'aurai d'autant plus à y gagner que vous avez l'habitude de mettre de côté avec moi le langage officiel de la médecine, qui est un livre scellé pour le vulgaire.

— Je le ferai bien volontiers, Monsieur le Curé, et je me servirai des expressions les plus simples et le mieux à votre portée, mais à une condition.

— Laquelle, docteur?

— C'est que vous me promettrez de m'expliquer votre méthode pour le traitement des yeux; on dit partout que vous réussissez à merveille là où notre science médicale échoue souvent.

— Docteur, je vous promets de vous dire tout mon secret, qui est bien loin d'avoir du mystérieux; mais avant de vous dire comment je procède dans cette maladie, j'aurais à vous demander vos lumières pour m'éclairer et votre expérience pour m'aider dans l'étude que je fais depuis longtemps d'une maladie qui est aujourd'hui le véritable fléau de notre siècle, et qui frappe indistinctement dans tous les rangs de la société. Je vois en cela, docteur, un châtiment de Dieu, ou plutôt une de ces grandes leçons que la Providence donne de temps en temps à l'homme, pour lui montrer au milieu de la vanité et de l'orgueil, dont les progrès de sa science matérielle l'enivrent, qu'il n'est, après tout, quant au corps et à la vie animale, qu'un peu de cendre et de poussière, un peu de pourriture et de boue.

— Monsieur le curé, vous avez, selon moi, trouvé l'énigme, la véritable solution à cet inexplicable problème. Il faut nécessairement, dans un siècle indifférent et matérialiste comme le nôtre, où l'homme enflé d'orgueil se croit tout, que Dieu lui fasse voir que sans lui il n'est rien, absolument rien. Cela posé et admis, Monsieur le Curé, voyons enfin de quelle maladie vous voulez parler ; c'est sans doute de cette effrayante et terrible maladie que nous appelons l'apoplexie.

— Précisément, Docteur.

— Veuillez donc me faire voir comment vous l'avez envisagée dans l'étude que vous en avez faite.

— Je me suis occupé d'abord, Docteur, d'en rechercher les causes, de me fixer sur les symptômes ou signes, de voir s'il n'y aurait pas un régime à suivre pour prévenir cette maladie et des remèdes pour la combattre quand elle s'est déclarée.

— Monsieur le Curé, je vous félicite de l'ordre parfait que vous avez mis dans vos classements. Veuillez donc, je vous prie, me les développer et me dire votre sentiment sur chacun d'eux en particulier. D'après vos classements, nous devons, Monsieur le curé, partager votre intéressant petit traité en quatre sections : *Causes, Signes, Régime* et *Traitement.*

Causes.

— Comme toutes les maladies qui affligent le genre humain et qui pèsent sur l'humanité, l'apoplexie, Docteur, est une des suites de la désobéissance du premier homme, la peine qu'il doit porter ici-bas et le châtiment indispensable de sa révolte contre Dieu.

Cette maladie est une de celles qu'on appelle héréditaires, c'est-à-dire qui attaquent ordinairement les enfants, si les parents en ont eu quelques atteintes. L'expérience et de nombreuses observations le confirment. Je dis ordinairement, parce qu'il peut se faire, et même assez souvent que le père ou la mère meure d'une apoplexie, sans que les enfants en soient jamais atteints ; comme il peut se faire aussi qu'un individu soit victime de cette maladie sans qu'aucun membre de sa famille en ait été frappé.

Dans le siècle où nous vivons, les attaques d'apoplexie sont plus fréquentes qu'à aucune autre époque. Des individus sont frappés dans tous les rangs de la société : le riche comme le pauvre, le vieux comme le jeune, les tempéraments secs et les tempéraments replets, tous indistinctement. D'où vient cela ? Est-ce un châtiment du Ciel? Est-ce une modification de notre atmosphère ? Serait-ce parce que nous ne sommes pas aussi simples et aussi frugals que nos pères dans nos repas et que nous nous adonnons à plus d'excès en tous genres ?

je n'oserais me prononcer positivement. Cependant mon opiniou personnelle est qu'il y a un peu de tout cela dans la propagation effrayante de cette terrible maladie. Qu'en dites-vous, Docteur ?

— Je suis un peu de votre avis, Monsieur le Curé, quand je réfléchis sérieusement sur les efforts que fait l'homme pour augmenter son bien-être, sur les soucis et les peines qu'il se donne pour arriver à la richesse ; quand je vois qu'il croit, en vivant dans le luxe et dans la bonne chère, se mettre à l'abri des maladies, je le plains dans son calcul matérialiste, et je ne puis m'empêcher de dire : Quoi que tu fasses et dises, si tu le fais en dehors de Dieu et de la religion, tu n'aboutiras à rien. Voilà, Monsieur le Curé, ma conviction là-dessus.

— Docteur, nous sommes en parfaite union de sentiments. Venons maintenant à des causes, sinon plus certaines, du moins plus directes de la maladie dont nous nous occupons, maladie qui, selon moi, a son gérme dans le sang, les humeurs et les veines. Les personnes sujettes à l'apoplexie ont un sang noir, épais, fort, violent, exposé à se coaguler facilement ; les humeurs sont âcres, épaisses et difficiles à se séparer du sang ; les veines sont d'un tissu fragile, délicat, sans résistance et facile à se rompre. Cela posé et admis, Docteur, il est aisé, ce me semble, de trouver maintenant les causes secondaires que j'appellerai causes exceptionnelles, et que l'on trouve dans presque tous les auteurs qui traitent de cette maladie.

— Ainsi, Monsieur le Curé, tout ce qui peut pousser ou attirer violemment le sang dans les veines qui enveloppent le cerveau, le cœur ou les autres parties de l'homme qui sont censées être le siége de la vie, est une cause d'apoplexie, et cela n'a lieu que par un vice du sang, des humeurs ou des veines.

— C'est là mon opinion, Docteur.

— Je la crois assez fondée, Monsieur le Curé, et partant de ce point, vous dites que les causes secondaires sont tout ce qui peut contribuer à une émotion violente ou à des embarras dans la circulation du sang de l'homme qui se trouve sous l'empire de cette terrible maladie.

— Précisément, Docteur ; aussi est-ce pour cela que je dis que cette maladie peut être déterminée par un froid excessif, par une grande chaleur, par le remuement des humeurs et du sang à l'approche du printemps et de l'hiver, par un excès d'intempérance, par une vie trop sédentaire, par un travail trop prolongé, par des études forcées, par une vive émotion de l'âme, par une chute ou un coup sur la tête, par la suppression d'une saignée, d'une hémorragie, d'un cautère, d'un vésicatoire ou de toute autre évacuation habituelle, par une affection du cœur et de l'estomac, par de mauvaises digestions, et enfin par tout ce qui, dans l'organisation de l'homme, peut causer une révolution intérieure (*les révolutions ne sont bonnes, vous le voyez, nulle part*). Voilà, Docteur, à mon avis, quelles sont les causes qui, combinées avec les premières, peuvent déterminer une apoplexie. Comme cette terrible maladie peut venir du sang ou des humeurs, je distinguerai deux espèces d'apoplexies ; l'une que j'appellerai sanguine, et l'autre séreuse. J'en parlerai plus tard en assignant à chacune d'elles son traitement particulier.

— Je vois avec plaisir, Monsieur le Curé, que vous avez donné une étude sérieuse à l'examen de cette maladie. Je ne doute pas maintenant que vous ne m'en donniez les signes avec une extrême précision.

— Il est possible, Docteur, que je ne serai peut-être pas assez complet dans cette énumération des signes ; mais je compte sur votre bienveillance, pour m'éclairer de vos lumières et pour compléter mes omissions involontaires.

Des Symptômes ou Signes.

Plusieurs praticiens qui ont parlé de l'apoplexie prétendent que cette maladie attaque presque toujours les personnes qui ont le cou court, une grosse tête, de larges épaules, le visage très-coloré, en un mot, des personnes vigoureuses et aux formes athlétiques. Ceci n'est pas tout-à-fait exact ; je dirai plus : selon moi, cette distinction ne devrait pas figurer au nombre des signes comme symptômes certains ; car l'expérience de tous les jours démontre qu'il meurt de cette maladie beaucoup de personnes qui sont maigres, frêles, qui ont un long cou, une tête ordinaire, des épaules communes et une figure pâle et souffrante. Ainsi la constitution extérieure de l'homme, quelle qu'elle soit, ne doit pas nous servir de règle. S'il y a des personnes robustes qui meurent de cette maladie, il y a aussi des personnes qui ont une constitution opposée et qui en meurent également. Conclure quelque chose de la constitution extérieure pour signe de cette maladie, serait, à mon avis, faire fausse route et voguer au hasard sur une mer incertaine. Les signes avant-coureurs les plus ordinaires de l'apoplexie sont les vertiges, les éblouissements, les tournoiements et pesanteurs de tête, des élancements violents et courts dans cette partie, un besoin continuel de dormir dont on ne peut pas se défendre, quelques bourdonnements d'oreilles, un appesantissement, un engourdissement des yeux et des autres sens, un pouls suspendu ou saccadé, des envies de vomir, des maux de tête, de cœur, des faiblesses et enfin un malaise général, dont on ne sait à quoi attribuer la cause. Voilà à peu près les symptômes qui s'annoncent le plus souvent. Il faut cependant remarquer qu'il est extrêmement rare que tous ces signes se fassent sentir à la fois chez une personne menacée d'apoplexie. L'une a un violent mal de tête, sans éprouver aucun malaise au cœur, l'autre a un mal de cœur et des envies de vomir sans avoir de mal de tête. Une troisième est frappée comme par la foudre. Ce dernier cas est le plus rare, car on sent presque toujours un malaise général qui indique une perturbation dans tout le corps. Quand on éprouve, Docteur, de temps en temps quelques-unes des souffrances que je viens de signaler, on est menacé de près ou de loin par cette maladie, selon le degré de souffrance.

— Je suis tout-à-fait de votre avis, Monsieur le Curé, et je vous félicite de n'avoir omis aucun des signes qui annoncent ou caractérisent la maladie dont nous nous occupons. Voudriez-vous bien maintenant me dire quelques mots sur votre hygiène anti-apoplectique, ou, en d'autres termes, sur le régime de vie qui convient aux personnes qui désireraient éloigner cette maladie.

— Je vais, Docteur, essayer de le faire, comptant sur vous comme d'habitude.

Régime.

La première des choses que l'on doit observer strictement dans son régime de vie, c'est une sobriété régulière et une tempérance absolue ; il faut éviter avec soin les excès de tout genre. On dirait que cette terrible maladie n'est devenue tellement fréquente de nos jours que pour les punir et en être le juste châtiment. L'homme, par ses inventions surprenantes et ses immenses progrès, semble dire, dans son orgueil, sa fierté et sa folle indépendance, qu'il peut se passer de Dieu ; et Dieu lui fait voir, en le brisant tous les jours au milieu de ses beaux rêves, qu'il n'est rien et que sa science et ses progrès n'iront que là où il voudra. Quoi qu'il fasse, quoi qu'il dise, s'il veut rendre plus rares les cas de ce terrible fléau qui décime la société et qui la frappe comme la foudre, il faut qu'il revienne au régime simple de ses pères et à leur frugalité, ou du moins qu'il ne se laisse pas entraîner par cet amour du bien-être et des excès qui aujourd'hui est de mode pour tous. C'est là, Docteur, le grand écueil selon moi, et la cause principale de beaucoup de maux qui nous assiégent.

— Vous avez parfaitement raison, Monsieur le Curé ; il est reconnu par tous les hommes sensés et réfléchis que la tempérance est la mère de la santé et la prolongation de la vie.

— Le régime qu'il faut suivre, Docteur, consiste donc à éviter les moindres excès de boissons enivrantes et fermentées, surtout les alcools qui mettent, pour ainsi, dire le sang en ébullition. Il ne faut prendre de café que rarement ; ou bien si on en prend journellement à l'eau, il faut avoir soin de le couper avec du lait et de peu le charger. Il ne faut pas se nourrir exclusivement de viandes et d'aliments trop succulents ; il faut donc manger autant de légumes que de viandes, et surtout des légumes rafraîchissants. Il faut éviter encore les indigestions et tout ce qui peut donner trop de flatuosités ; en un mot, on doit observer fidèlement la sobriété ; il faut se livrer à un travail modéré, à quelque exercice du corps chaque jour, à quelques distractions agréables et qui ne demandent pas trop d'application. Il faut avoir soin d'entretenir une douce chaleur aux pieds, ne pas s'exposer à des transitions trop brusques de température ; ne pas trop se couvrir ni se serrer et être à l'aise dans ses vêtements; ne pas se laisser affecter par trop de joie ou de tristesse. Il faut autant que possible faire usage de nourriture qui ne constipe point, afin d'avoir toujours le ventre libre ; il faut enfin chasser les idées noires et éviter tout ce qui peut porter à la mélancolie, c'est-à-dire qu'il faut une gaîté modérée et une joie pure. Voilà, ce me semble, Docteur, le régime qu'il faudrait suivre pour diminuer la force des humeurs et la violence du sang, deux causes extrêmement influentes de l'apoplexie.

— Je crois votre régime excellent, Monsieur le curé, non seulement pour prévenir l'apoplexie, mais pour éviter un grand nombre d'autres maladies. Dites-moi maintenant ce que vous pensez qu'il faille faire pour prévenir cette maladie et pour la combattre quand elle s'est déclarée.

Traitement.

— Nous avons convenu, Docteur, que cette affreuse maladie vient du sang et des humeurs qui ont trop de force et de violence, et qui par conséquent ont besoin de se clarifier et de se calmer. C'est pour obtenir cela que quelques médecins ordonnent les purgatifs, qui parfois réussissent assez bien. On conseille aussi avec beaucoup de succès la saignée et les sangsues. Des bains de pieds, dans lesquels on met une poignée de sel de cuisine ou une pellée de cendre, pour faire descendre le sang, produisent aussi de bons effets. Ces moyens-là sont comptés au nombre des moyens préservatifs. Selon moi, pour prévenir cette maladie, voici ce qu'il y a de mieux : c'est de faire usage de la graine de moutarde blanche deux fois par an. Les époques les plus propices sont du 1er mars au 15 mai, tous les jours; du 1er septembre au 15 novembre, tous les jours également. Ceci pourtant ne doit pas être entendu d'une manière mathématique ; il faut l'employer deux fois l'année, au printemps et à l'automne, pendant deux mois environ chaque fois. La manière de l'administrer est d'en prendre trois fois ou deux fois seulement par jour, deux heures avant ou après le repas. C'est à celui qui en fait usage d'observer dans lequel de ces deux moments elle produit le plus d'effet, afin d'adopter le moment qui conviendra le mieux ; on en prend chaque fois une bonne cuillerée à bouche ; on l'avale sans la mâcher, en grain, après l'avoir roulée dans la bouche avec la salive, ou au moyen d'une gorgée d'eau. La moutarde blanche est un puissant dépuratif et un bon calmant ; avec ces deux excellentes propriétés elle devient donc pour le sang et pour les humeurs un véritable réparateur et un excellent correcteur de leurs vices. Il faut observer en passant que la graine de moutarde blanche n'a plus de vertu au bout d'un an ; il faut donc ne faire usage que de graines fraîches. Pour plus de sûreté, chacun peut en semer un petit carré dans son jardin et en récolter pour son usage. Cette plante n'est pas délicate et s'acclimate partout. On la sème en février pour la récolter en juillet. Pour la monder, à mesure qu'on en fait usage, il suffit d'en prendre une cuillerée et de la frotter en la roulant entre les deux mains ; pendant quelques instants, après quoi on peut se l'administrer comme je viens de le dire. Il peut arriver quelquefois, pour certains tempéraments, que l'usage de la moutarde donne des constipations ; dans ce cas on peut manger du laitage, c'est-à-dire des mets émollients préparés avec du lait, tels qu'épinards, choux, raves, etc., des pommes en marmelade, des pruneaux. En prenant la moutarde, on avale un bon verre d'eau fraîche, et pendant la durée du traitement, on met de l'eau dans son vin. Il est bon de se purger une fois ou deux dans l'année, selon le besoin. Il faut employer autant que possible un purgatif doux et peu violent, tel que l'eau de Sedlitz, manne, etc. On peut se purger pendant qu'on fait usage de la moutarde, ou mieux encore quand on a des borborygmes et qu'on sent quelques signes de diarrhée. C'est le cas d'appliquer alors ce principe par la pratique : la nature indique ses besoins ; principe, soit dit en passant, dont on abuse tant aujourd'hui. Si le purgatif ne produit aucun effet, ce qui peut arriver, il ne faut pas s'en émouvoir, c'est une preuve que la graine de moutarde a assez purgé. Quand le sang gêne (ce que l'on connaît ordinairement à des pesanteurs de tête et des envies de dormir, il faut prendre dix ou douze sangsues par an ou tous les six mois, selon le besoin. On peut les prendre sur les cuisses, un peu au-dessus du genoux et quelquefois à l'anus, pour varier ; on a soin, après avoir pris les sangsues, de prendre quatre ou cinq jours de repos. Il faut toujours prendre les sangsues avant de manger, ou du moins cinq heures après un léger repas. Je conseille les sangsues plutôt que la saignée, parce que la saignée du pied est difficile et que celle du bras a l'inconvénient de faire monter le sang au lieu de le faire descendre, tandis que les sangsues prises aux cuisses ou à l'anus l'attirent en bas. Quand on veut prendre les sangsues seulement à l'anus, on les met dans un petit verre au fond duquel est un morceau de linge trempé d'abord dans du vin chaud et exprimé entre les doigts après sa sortie du vin. De cette manière on est sûr que toutes les sangsues qui touchent le linge prendront. On peut se les appliquer seul, au moyen de ce verre, à l'endroit que l'on veut. Pour faire saigner après que les sangsues sont tombées, il faut, si c'est à l'anus qu'on les a prises, s'asseoir sur un vase contenant un litre d'eau bouillante ; la vapeur de cette eau entretient l'écoulement du sang. Si c'est aux cuisses, il faut placer le vase en conséquence, en ayant soin de les envelopper, pour que la vapeur ne se perde pas. J'ai dit précédemment qu'il fallait entretenir une douce chaleur aux pieds ; voici le moyen:

c'est de mettre dans ses bas un peu de moutarde moulue et marcher ensuite, ou encore de prendre de temps en temps des bains de pieds dans lesquels on met bouillir une forte poignée de pelures de navets et autant d'orties piquantes. — Il est bon aussi de prendre de temps en temps quelques grands bains ; outre qu'ils entretiennent la propreté du corps, ils aident puissamment la transpiration et favorisent aussi la circulation du sang. La manière de prendre ces bains est très-simple et n'exige pas de baignoire. Voici comment on procède ; on se met dans une chambre noire, on se déshabille, on entre dans un large baquet destiné à cet usage et garni au fond d'un linge pour poser les pieds; on place à côté de soi un seau rempli d'eau chaude, dans laquelle on a fait dissoudre une livre de sel de cuisine et 40 grammes d'ammoniaque saturée de camphre, c'est-à-dire 40 grammes d'ammoniaque dans lequel on met une cuillerée à café d'alcool camphré. On trempe dans le seau une grosse éponge, et on s'en frotte rapidement tout le corps pendant quelques minutes. On s'essuie et on s'habille promptement, et on se promène pour reprendre la chaleur naturelle. Ce bain alcalino-ferrugineux a la propriété de rendre au sang ce qui lui manque de liquidité pour sa libre circulation, au rapport du docteur-chimiste Raspail. Quand on a des maux de tête, il faut prendre des bains de pieds, dans lesquels on mettra une poignée de sel de cuisine ; on les prend aussi chauds que l'on peut et on y reste de cinq à dix minutes au plus. On ne doit jamais prendre aucun bain aussitôt après le repas, à cause du trouble et des perturbations que l'on porterait dans les fonctions digestives. Ce que je dis ici des bains doit s'appliquer aussi à la saignée et aux sangsues.

Voici une recette pour composer une liqueur excellente contre les étourdissements, les pesanteurs de tête et les vertiges avant-coureurs de l'apoplexie. On prend un pot de terre neuf vernissé, contenant à peu près trois litres. On le remplit jusqu'aux trois-quarts d'absinthe jeune et bien mûre. On achève de le remplir de feuilles de sauge et de graines de genevrier arrivées à leur maturité. On verse ensuite par-dessus deux litres de bonne eau-de-vie, on lute bien avec de la pâte le couvercle du pot, pour que le contenu ne s'évapore pas ; on laisse macérer à l'ombre tous ces ingrédients pendant six semaines ou deux mois; puis on passe la liqueur en l'exprimant légèrement, et on la garde soigneusement dans une bouteille bouchée. Elle s'emploie de la manière suivante : on met une cuillerée à café de cette liqueur dans un verre et on achève de le remplir d'eau commune, en versant de haut, pour opérer plus complètement le mélange. On prend ce remède pendant 15 jours et une heure avant de déjeûner. Ce traitement peut se faire quatre fois par an. — *Remarque essentielle* : cette infusion, qui est amère, est très-propre à fortifier l'estomac. Elle convient donc pour faire disparaître les pesanteurs de tête et les étourdissements qui viennent d'un dérangement de la digestion ; mais il serait très-imprudent et même dangereux de débuter par ce remède s'il y avait des signes d'embarras des premières voies, ou de pléthore. Il faudrait dans le premier cas prendre une purgation et dans le second cas des sangsues ; alors il n'y aurait plus rien à craindre. Si l'on avait déjà été frappé d'une attaque d'apoplexie, il faudrait, le matin à jeûn, prendre une cuillerée à bouche de cette liqueur, sans la mêler avec de l'eau.

Quelques personnes m'ont assuré qu'on obtenait un excellent anti-apoplectique, en s'enveloppant le cou pendant la nuit, comme d'une cravate, avec du sel de cuisine renfermé dans un linge fin et très-clair ; la chose me paraît assez douteuse ; cependant, d'après le principe de **Raspail**, qui fait jouer un si grand rôle au sel sur le sang, ce remède pourrait produire quelque effet par l'absorption qu'en ferait le sang, à l'aide des sueurs et de la chaleur. On peut donc l'employer sans crainte ; s'il ne produit pas l'effet qu'on lui attribue, du moins, il n'y a pas de suites graves à redouter de son emploi.

Voilà, Docteur, les moyens que je crois bons à prendre pour se préserver de l'apoplexie, quand on soupçonne qu'on peut y avoir des tendances. J'ai déjà distingué deux sortes d'apoplexies, la sanguine et la séreuse. Il faut donc que je dise un mot sur chacune d'elles. La sanguine est celle qui est déterminée par le sang, et la séreuse est celle qui a pour cause les humeurs ; mais comme c'est mon opinion qu'il y a presque toujours tant dans l'une que dans l'autre mélange de causes, c'est-à-dire que dans la sanguine il y a quelque chose de séreux, et dans la séreuse quelque chose de sanguin, je crois qu'il est bon, pour s'en préserver, d'employer indistinctement, plus ou moins souvent, suivant le besoin, les remèdes que je viens d'indiquer. Il peut se faire que l'usage de la moutarde, quelques purgatifs, quelques grands bains ou bains de pieds, un régime bien observé font disparaître tous les symptômes de l'apoplexie. Alors il n'est pas nécessaire de contracter l'habitude de prendre des sangsues.

Comme les personnes menacées d'apoplexie sont portées malgré elles à des besoins insurmontables de dormir, pour diminuer cet assoupissement importun, il faut faire avec des feuilles de sauge, une infusion en guise de thé, ou, à défaut de sauge, avec des sommités de lavande. L'une et l'autre de ces infusions sont excellentes pour chasser un sommeil qui n'est pas naturel et qui est causé par un sang épais et des humeurs grossières. C'est là, Docteur, ce que j'avais à dire sur les moyens préservatifs de l'apoplexie.

— J'en suis satisfait, Monsieur le Curé ; voyons maintenant ce que l'on doit faire lorsque l'apoplexie s'est déclarée par une attaque.

— Je disais tout-à-l'heure, Docteur, qu'il y avait deux sortes d'apoplexies : la sanguine, occasionnée par la trop grande abondance de sang ou sa raréfaction, ou encore par son accumulation dans une partie, tandis qu'il y a absence dans d'autres, et la séreuse, occasionnée par le vice des humeurs et leur âcreté. J'ai dit que peu importait cette distinction dans les remèdes que l'on emploie pour se préserver de l'apoplexie, et j'en ai donné les raisons ; mais il n'en est plus de même quand l'apoplexie frappe ; il faut alors apporter le plus grand soin pour distinguer si elle est sanguine ou séreuse, parce que leur traitement diffère essentiellement l'un de l'autre. Si l'apoplexie est sanguine, c'est-à-dire si elle attaque une personne forte, robuste, phéthorique, ayant le visage très-coloré dans le moment même de la maladie, ce qui indique qu'il y a congestion de sang vers le cerveau, il faut avec un cuiller ouvrir la bouche au malade et la lui remplir de gros sel. Le sel, par son acrimonie et sa propriété de rendre le sang plus liquide, peut produire un excellent effet en faisant rejeter d'abord au malade une grande quantité de pituite, crasse épaisse et visqueuse qui débarrassera beaucoup ; il faut ensuite et sans perdre de temps recourir à la saignée soit du pied, soit de la jugulaire, appliquer des sangsues à l'anus et aux endroits qui avoisinent la tête, tels que le cou, les tempes, la nuque et l'occiput ; mais pour cela on comprend qu'il faut une personne expérimentée, un médecin ou une personne qui a l'habitude de saigner. On applique de l'eau froide, de l'oxycrat, même de la glace sur la tête, si on en a. L'eau sédative de Raspail est d'un grand secours. On arrose le crâne du malade, en ayant soin de faire incliner la tête en arrière, pour que l'eau ne tombe pas sur les sourcils, que l'on doit protéger par un bandeau serré autour du front. On doit mettre aussi au cou et aux poignets une épaisse compresse imbibée d'eau sédative. Raspail vante beaucoup ce traitement et il affirme que s'il n'y a pas rupture de vaisseaux, ou hémorragie cérébrale, le malade recouvre ses sens comme par enchantement, au bout de quelques minutes, et la santé revient immédiatement. Comme je n'ai fait aucune expérience de ce genre, je n'affirme absolument rien pour ou contre. Dans le cas où l'on voudrait essayer ce traitement, voici la formule pour faire soi-même l'eau sédative : on fait dissoudre une poignée de sel de cuisine dans un verre d'eau que l'on verse dans une bouteille d'un litre quand le sel est fondu et que l'eau a repris sa limpidité ; on verse ensuite deux petits verres à liqueur d'ammoniaque liquide, puis un petit verre à liqueur d'alcool camphré ; on remplit la bouteille d'eau commune et on la bouche bien. Quand on veut s'en servir, il faut faire des fomentations aux cuisses et aux jambes avec l'eau sédative, appliquer des vésicatoires et des sinapismes sur les mêmes extrémités ; on relâche toutes les ligatures, on déshabille même le malade, et on le place de manière que la tête et la poitrine soient plus élevées que le tronc ; on donne à l'intérieur des boissons acidulées avec le sirop de groseille ou celui de vinaigre. On peut prendre l'émétique en lavage à la dose d'un grain ou deux dans un litre d'eau ou bien quelques sels neutres, tels que le sulfate de soude (sel de Glauber), le sulfate de potasse (sel de Duobus) ; la dose est d'une demi-once dans un demi-litre d'eau ou d'une once dans un litre. Voilà pour l'apoplexie sanguine.

Lorsqu'elle est séreuse, c'est-à-dire lorsqu'elle attaque une personne jaune, pâle et d'un tempérament lymphatique, la saignée convient moins et se pratique rarement. L'expérience atteste qu'on retire plus d'avantages des vésicatoires près de la nuque, entre les épaules et aux jambes ; des frictions faites avec un liniment volatil ammoniacal sur l'épine du dos (ce liniment se fait avec de l'ammoniaque liquide mêlé avec le double d'huile) ; des lavements irritants avec la décoction de séné. Si le malade est extrêmement nerveux et que l'attaque ait été produite par une impression morale, il ne suffirait pas d'employer les vésicatoires et autres révulsifs ; il faudrait aussi prendre quelques calmants, tels que l'eau de fleurs d'oranger, un peu d'éther sulfurique dans de l'eau ou sur un morceau de sucre, ou trois gouttes de laudanum sur un morceau de sucre également. Il ne faut pas oublier, dans l'une et dans l'autre attaque d'apoplexie, de raffraîchir l'appartement où se trouve le malade et d'en renouveler l'air autant que possible. Ce sont là, Docteur, à ce que je pense, les remèdes les meilleurs et les plus efficaces à employer dans l'apoplexie. S'ils ne réussissent pas c'est qu'il y a rupture des vaisseaux sanguins ou épanchement séreux sur les organes essentiels à la vie, tels que le cerveau ou le cœur, etc.

— Les développements que vous aviez donnés sur cette maladie me donnent la conviction, Monsieur le Curé, que vous en avez fait une étude approfondie. Les conseils que vous donnez pour se préserver de cette maladie, les remèdes que vous indiquez pour la prévenir ou la combattre, peuvent être employés avec un plein succès. Veuillez donc me dire maintenant, quoiqu'il soit déjà tard, comment vous procédez dans le traitement des yeux, pour obtenir tant d'effets merveilleux. Vous voyez, Monsieur le Curé, par mon importunité tenace, combien j'y tiens.

— Je vais donc, Docteur, malgré l'heure avancée, chercher à vous satisfaire de mon mieux.

Petit Traité sur les Maux d'Yeux.

La maladie des yeux a pour causes premières les humeurs ou le sang qui se portent sur cette partie et engendrent des irritations, des inflammations, déterminées par des causes secondaires, qui sont : de s'approcher trop près de la flamme du feu ; de rester trop longtemps dans la fumée ; de s'exposer à l'émanation de gaz brûlants ou acides ; de se mettre, quand on a chaud, à un courant d'air trop vif ou froid ; de pleurer longtemps ; de lire des lettres trop menues ; de faire de trop longues veillées ; de se livrer un peu trop aux boissons alcooliques ; de recevoir un coup sur les yeux, ou d'y laisser tomber ou entrer quelles poussières que ce soit, etc.

Les maladies d'yeux pour lesquelles j'ai des remèdes passables et même souverains, sont : les inflammations, les taches, les fluxions, la chassie, les fistules lacrymales, les meurtrissures des yeux et les nuages.

Inflammation. — Pourvu que l'inflammation ne soit pas trop invétérée, c'est-à-dire qu'elle n'existe pas depuis longtemps, venant d'une humeur de petite vérole ou d'une autre maladie de tête, *l'eau divine* la guérira complètement et en peu de temps.

Voici la recette pour la faire : salpêtre purifié, alun de roche, vitriol de Chypre, de chacun deux onces réduites en poudre que l'on met dans un petit pot de terre vernissée, tout neuf. On y met une cuillerée d'eau. On le couvre avec son couvercle ; on le met devant un petit feu et on le laisse jusqu'à ce que tout soit bien fondu. Quand le tout est bien fondu, on retire le pot et on jette dans cette matière très-chaude un demi-gros de camphre en poudre, qu'on mêle bien avec les autres drogues à l'aide d'un petit morceau de bois ; puis on recouvre le pot avec le couvercle bien luté de pâte.

Deux jours après on brise le vase et on y trouve une pierre bleuâtre, que l'on casse par petits morceaux, et que l'on met ensuite dans une bouteille bien bouchée.

Quand on veut faire usage de cette pierre, on en met le poids de 5 grammes ou d'une pièce de 1 franc dans une bouteille dans laquelle on verse deux grands verres d'eau, et on bouche bien avec un bouchon de liége. Une heure après on peut se servir de l'eau, en ayant soin d'agiter auparavant la bouteille.

Voici la manière de s'en servir : on prend une cuillerée de cette eau, on la met sur la flamme pour lui faire perdre le froid en hiver. On trempe dans la cuiller un petit linge avec lequel on se bassine le front, les tempes et tout l'extérieur des yeux ; et cela soir et matin, et deux autres fois pendant la journée.

Pour la nuit, on peut mettre avec avantage une compresse de cette eau sur les yeux. De plus, à chaque friction, il faut, quand il ne reste plus que quelques gouttes dans la cuiller, y tremper le bout du doigt, et s'en humecter les deux coins de l'œil malade.

Voilà, Docteur, le remède le plus efficace que je connaisse pour les irritations, les inflammations des yeux et les démengeaisons.

On peut s'en servir avec un avantage mille fois éprouvé pour tous les maux d'yeux.

Quand le mal vient des humeurs qui se sont portées sur les yeux, pour accélérer la guérison, il faut ordonner de prendre sur le cou, derrière l'oreille, une ou deux mouches de Milan, selon qu'il n'y aura qu'un œil attaqué ou qu'ils le seront tous les deux.

Il faut prescrire pendant le traitement l'abstention du vin et des alcools, du moins purs.

Si le nez est un peu gros, rouge, et que les

environs soient luisants, il faut prendre pendant deux ou trois mois deux verres de tisane chaque matin, deux heures avant déjeûner, et un verre le soir après avoir soupé. Cette tisane doit être faite avec de la patience ou de la scabieuse, deux plantes très-propres pour purifier et amoindrir les humeurs.

Si dans l'inflammation il y a démangeaison autour des yeux et sur les joues, il faut, outre l'usage de l'Eau divine, prendre une poignée ou deux d'écorce de petites branches d'ormeau, mettre cette écorce dans une petite marmite contenant deux ou trois litres d'eau, que l'on fait bouillir jusqu'à réduction de moitié.

Ceci fait une eau gluante dont on se lave la figure cinq ou six fois par jour. C'est un très-bon remède pour faire cesser les démengeaisons.

Si dans l'inflammation des yeux il y a vives douleurs au front, on emploie avec succès une bouillie faite avec un demi-verre d'eau et autant de bon vinaigre de vin, avec une quantité suffisante de farine de fève de marais.

On met cette bouillie entre deux linges et on se l'applique tous les soirs sur le front avant de se coucher; la même bouillie peut servir plusieurs fois, pourvu qu'après l'avoir humectée avec un peu de vinaigre, on la fasse réchauffer.

Ce remède est excellent aussi quand on a mal aux yeux sans qu'il y ait inflammation et que rien n'apparaît dedans. Chaque fois qu'on l'emploie, il faut qu'il soit suffisamment chaud.

Voilà pour l'inflammation. Quant aux yeux chassieux, c'est le même traitement, puisque le mal vient de la même cause, c'est-à-dire toujours des humeurs.

Un remède nous ayant été donné tout récemment par M. Artières, curé de Tizac (Aveyron), comme excellent pour guérir les inflammations et fluxions des yeux, nous nous faisons un devoir de le porter à la connaissance du public en le plaçant ici. On met dans une bouteille dix cuillerées d'eau de fontaine, pour dix centimes de vitriol blanc en poudre, deux cuillerées de sucre en poudre, et autant d'eau-de-vie. 24 heures après ce mélange on peut se servir du remède en trempant un petit linge dans cette eau dont on se bassine les yeux étant fermés, le soir avant de se mettre au lit; deux ou trois frictions le plus, suffisent pour être guéri. On doit bien boucher la bouteille, et cette eau se conserve fort longtemps.

Taches de l'œil. — Le remède le plus simple et le plus efficace que je connaisse pour cela, Docteur, c'est une injection sur la tache avec du sucre candi cristallisé réduit en poudre, injection répé e trois fois par jour,

Si l'on était obligé de se servir de l'Eau divine pour cause d'inflammation, il faudrait laisser entre les deux traitements une heure de distance.

Voici comment on procède : on réduit en poudre très-fine un morceau de sucre candi cristallisé gros comme une noix ; chaque fois qu'on veut s'en servir, on en prend une prise que l'on met dans une cuiller d'étain, la plus noire que l'on a, on frotte fortement cette poudre dans la cuiller avec le pouce ; quand elle a pris la couleur de la cuiller, on la met dans un tuyau de plume d'oie de la longueur d'un pouce ; on l'approche de l'œil et on souffle cette poudre sur la tache; ou encore, si on le préfère, on peut mouiller légèrement la pointe du doigt la presser sur la poudre et la passer ensuite sur la tache.

En l'espace de quinze jours ou trois semaines, et souvent moins, la tache a disparu.

Il est indispensable d'employer une cuiller d'étain bien noire, parce que c'est la noirceur même qui s'en détache dans le frottement qui est le véritable remède.

On peut se servir aussi dans le même cas, et avec plus d'avantages encore, d'une dépouille de serpent, c'est-à-dire d'une de ces peaux légères que l'on trouve en été dans les champs.

On fait rougir une pelle, puis on met dessus la dépouille de serpent, pour la faire sécher au point qu'elle puisse ensuite se réduire en poudre très fine, dont on se sert à la place du sucre candi et de la même manière.

J'ai vu par ce remède l'œil d'un tailleur de pierre, couvert de taches récentes occasionnées par la poussière, guéri en quelques jours.

Fluxions. — Il y a fluxion quand les yeux sont un peu enflés et rouges dans l'intérieur, comme si du sang était répandu sur le blanc.

Un remède bon et facile à faire est celui-ci : On prend des sommités d'absinthe ; on les pile bien en les mélant avec un blanc d'œuf et de l'eau de rose ; on en fait un petit cataplasme que l'on étend sur un linge ; puis, avant de se coucher, on se l'applique sur les deux yeux, et le lendemain le sang et la rougeur qui se trouvaient dans les yeux ont disparu.

Fistules lacrymales. — On appelle ainsi des veines de la grosseur d'un fil, qui servent de temps en temps à l'écoulement d'une eau brûlante et âcre qui occasionne une grande souffrance dans les yeux et une extrême rougeur.

Le remède pour les fistules, c'est de frotter l'œil avec l'Eau divine, composée comme j'ai dit plus haut. Il faut prendre une mouche de Milan ou deux derrière l'oreille, pour détourner l'humeur en l'attirant ailleurs.

Pour être plus sûr du succès dans le remède, il faut frotter plusieurs fois les fistules avec de l'huile de noix la plus vieille que l'on a.

Pour la meurtrissure des yeux et les graviers qui pourraient y être entrés, un bon remède est d'appliquer sur l'œil malade un morceau de chair crue de la grandeur et de l'épaisseur d'une pièce de cent sous ; cette chair doit être de bœuf, de veau ou de mouton nouvellement tué et encore chaud s'il se peut, pour obtenir un effet plus complet.

J'ai guéri par ce moyen un pauvre garçon meunier, qui en piquant son moulin s'était blessé les yeux.

Pour faire disparaître les nuages des yeux ou les toiles imperceptibles qui se trouvent dessus, on met dans un pot à eau un morceau de chaux vive gros comme un œuf, sur laquelle on verse un litre d'eau. Quand la chaux vive est fondue, on filtre l'eau et on y met une drachme de sel ammoniaque en poudre. On place cette eau dans un bassin en cuivre ; on y met une poignée de gros sous, et on les y laisse passer la nuit ; puis on met le liquide dans une bouteille et on s'en sert pour se bassiner les yeux. C'est un excellent collyre.

Voilà, Docteur, quels sont mes remèdes et de quelle manière je les applique pour produire le succès que j'obtiens.

Petit Traité sur les Rhumatismes.

Depuis notre dernière entrevue Monsieur le Curé, j'ai eu l'occasion d'expérimenter votre eau divine ; elle a parfaitement réussi. Comme je vous l'avais promis, je vais vous expliquer mon traitement sur les rhumatismes, puisque vous êtes disposé à m'entendre en ce moment.

Le rhumatisme est une douleur vive qu'on sent dans les diverses parties du corps, tantôt dans un endroit et tantôt dans l'autre, et cela principalement lorsque l'atmosphère est humide et froide. C'est une maladie qui souvent, dans les forts accès que l'on éprouve, ne permet pas que l'on se remue sans ressentir des douleurs à faire évanouir. Cette maladie vient de transpirations arrêtées par le froid, d'habitations malsaines, de mauvaises habitudes de s'être couché sur la terre fraîche et humide, d'avoir éprouvé quelque refroidissement ou quelque coup d'air au moment où le corps était échauffé. Il est rare que l'on puisse faire disparaître complètement cette maladie, surtout quand elle est invétérée. Si on en guérit, ce n'est qu'à force de prendre des bains d'eau thermale propre à ces sortes de maladies, telles que les eaux de Néris, de Bourbon-l'Archambault, Bourbon-Lancy, etc. Mais, dans tous les cas, si par ce moyen réitéré on n'obtient pas une guérison radicale, on est toujours sûr d'obtenir d'une manière notable plus ou moins de soulagement.

Quand on ne peut pas aller aux eaux indiquées pour cette maladie, voici, Monsieur le Curé, le traitement que l'on peut faire avec un succès presque assuré.

On fait bouillir d'abord dans un litre d'eau, jusqu'à ce qu'il soit réduit de moitié, 50 grammes de branches de buis; on le coule et on en prend un bon verre après avoir subi la fumigation suivante avant de se mettre au lit.

Pour faire cette fumigation, on prend du camphre en poudre, des fleurs de camomille romaine, du tabac à fumer bien sec, 30 grammes de chacun, ce qui fait en tout 90 grammes, que l'on réduit en poudre très fine, après les avoir bien mélangés. On a une chaise non empaillée sur laquelle on fait asseoir le malade, vêtu seulement de sa chemise. On l'enveloppe jusqu'au cou d'une couverture de laine en ayant soin que la couverture enveloppe et couvre bien le malade et la chaise. On met ensuite sous la chaise un réchaud plein de feu, sur lequel on jette de temps en temps une pincée de la poudre ci-dessus. Cette poudre produit une fumée qu'il ne faut pas laisser échapper et qu'on doit recevoir sur tout le corps, mais particulièrement sur les parties affectées de rhumatisme. On reste dans cet état jusqu'à ce que les poudres aient fini de brûler.

Cette opération faite, on prend un verre de décoction de buis, et on se met au même instant au lit, pour y prendre, pendant une heure ou une heure et demie, un bain à la vapeur de chaux. Voici comment se prépare ce bain :

On met dans un pot assez grand un kilog. ou un kilog. et demi de chaux vive, sur laquelle on verse deux grands verres d'eau ; le malade prend de suite le pot tout fumant et le met dans son lit, en ayant soin d'élever avec les genoux la couverture et le drap, pour que le pot ne touche pas le linge et que la vapeur puisse circuler librement. Si le malade n'a pas la force ou la facilité de soulever la couverture et le drap, on met alors dans le lit un objet quelconque qui puisse y suppléer, par exemple, une branche ou deux formant le demi-crcle.

Comme on n'entre pas la tête dans le lit, on n'a rien à craindre de cette vapeur qui n'est point malfaisante ; on se sentira tout d'abord comme inondé d'eau ; mais il ne faut pas s'effrayer, cette grande humidité ne durera pas. Il ne faut pas changer de linge.

Ce bain à la vapeur de chaux est excellent pour combattre les rhumatismes les plus opiniâtres. Quand l'humidité a disparu, on se fait frotter ou on se frotte vivement les parties douloureuses avec une pièce de laine, ou mieux avec des orties piquantes. Puis on se fait frictionner avec la pommade suivante :

Une livre de beurre frais non salé dans lequel on a fait bouillir pendant 15 ou 20 minutes une poignée de feuilles de genevrier et autant de feuilles de sauge verte. A défaut de genevrier, on peut mettre à la place du thym ou serpolet. Quand cette pommade est faite, on la tire à clair et on la met dans un petit pot que l'on couvre bien pour s'en servir au besoin.

Quand on a fait ce traitement, il faut tenir bien chaudement les parties affectées de rhumatisme. C'est un excellent moyen et préservatif pour empêcher les récidives. Dans le cas où l'on ressentirait de nouvelles atteintes, il faudrait refaire le traitement que je viens d'indiquer, et alors, si le rhumatisme n'était pas complètement détruit, il cèderait du moins à ce remède pour plusieurs années.

Voilà, Monsieur le Curé, le meilleur remède que je connaisse contre les affections rhumatismales. Selon moi, il est aussi efficace, pour ne pas dire plus, que les eaux thermales de Néris et de Bourbon. Il est infiniment moins coûteux et n'a certainement pas leur inconvénient.

Si ce traitement ne faisait rien, ce qui est rare, j'en donne un autre qui a parfaitement réussi à un homme souffrant d'un rhumatisme et qui avait employé tous les remèdes imaginables sans guère éprouver de mieux.

Cet homme a pris pendant 8 jours une décoction faite avec des feuilles de frêne. La dose est de 40 grammes pour un litre ; en faire sa boisson ordinaire pendant le temps indiqué. De plus il se mit cinq à six vésicatoires volants qu'il garda pendant 24 heures, sur les parties affectées. Il ressentit quelques atteintes après ce remède ; mais ayant mis sur les endroits souffrants du papier *Fayard*, il se trouva parfaitement guéri et n'a plus rien ressenti depuis.

Un de nos vénérés confrères, M. l'abbé Bleau, curé de St-Michel-de-Léon (Tarn), a eu l'extrême obligeance de nous donner une formule de remède dont il obtient, depuis 36 ans, des effets merveilleux contre toute espèce de rhumatismes. Cette recette est d'autant plus précieuse qu'il est difficile de trouver un remède entièrement efficace contre cette maladie. Voici cette recette : on prend 2 hectos de plomb en barre, autant de mercure liquide : on fait fondre le tout ensemble dans une cuiller en fer dont on se sert pour le pot. Quand ces deux matières sont entièrement fondues ensemble, on verse ce minéral composé dans un plat en terre vernissé dans lequel on a mis auparavant 2 litres d'eau de fontaine ; on laisse infuser 15 minutes ce minéral, puis on le tire avec une cuiller et on le met sur un linge pour le faire sécher. On fait cette opération pendant onze jours avec le même minéral, et l'eau de chaque jour qui reste après le remède fait, on la jette. L'avant-veille du traitement on prend aux cuisses 8 ou 10 sangsues, la veille un purgatif convenable au tempérament du malade. Le 1er jour du traitement, le 2e, 4e, 5e, 7e, 8e, 10e et 11e, le malade prend à jeûn, trois verres de la dite eau minérale, en observant une heure d'intervalle d'un verre à l'autre. Le 3e, 6e et 9e jour, il prend une once de manne dans une petite tasse de bouillon et ensuite deux verres d'eau seulement en laissant écouler une heure de temps entre chaque prise. Le 12° jour le malade prend un purgatif en tout semblable à celui qu'il a pris la veille du traitement.

Pendant les 14 jours de traitement, le malade ne doit manger ni crudités, ni salaison, ni laitage. Il doit éviter de s'exposer au grand air, surtout le matin, pour ne point apporter d'obstacle à la transpiration que produit le remède pour opérer la guérison. Si le malade est atteint d'un véritable rhumatisme dès le 6° ou 7° jour il commencera à éprouver du mieux et ses douleurs diminueront sensiblement. Quoi qu'il en soit, il n'y a rien à redouter de ce remède qui est de toute innocuité, pourvu que l'eau passe bien et qu'on observe exactement ce qui est prescrit ci-dessus. Ce remède, *Deo adjuvante, sanctissimâque virgine Mariâ sine labe conceptâ*, produit de si merveilleux effets, ajoute M. le Curé de St-Michel-de-Léon, qu'il se présente des malades chez lui jusqu'à de dix et quinze lieues.

Petit Traité contre la Gravelle ou Pierre.

La pierre est une maladie qui s'engendre dans la vessie et dans les reins, et qui empêche d'uriner, en causant de grandes et vives douleurs. Cette pierre se forme de parties terreuses et visqueuses, qui s'endurcissent par la chaleur des reins. La cause de cette maladie peut venir d'une prédisposition des reins qui est héréditaire dans certaines familles. Ce qui peut encore l'engendrer, c'est de mener une vie trop sédentaire, de s'adonner aux excès de la table et de rester trop longtemps sans uriner, quand on en sent le besoin. Aussi sont-ce les gens de cabinet et les prêtres qui restent trop longtemps au confessionnal qui en sont le plus souvent atteints.

Pour avoir raison de cette maladie, il faudrait trouver des moyens de résoudre cette pierre ou la diviser dans la vessie et les reins, au point qu'elle pût sortir facilement par les urines. Ces moyens ne sont pas encore découverts.

Voici, en attendant, ce qu'il y a de mieux à

faire contre cette maladie. Il faut que le malade fasse usage de boissons mucilagineuses et adoucissantes composées avec la racine de guimauve, la graine de lin, et la gomme arabique ; l'eau de veau et de poulet convient aussi dans ce cas. Il faut faire des fomentations sur le bas-ventre, avec des compresses trempées dans une forte décoction de racine de guimauve ou de graine de lin. Les bains de siége adoucissants sont très-bons aussi. Il faut s'abstenir de tout ce qui est échauffant ; il ne faut point user de liqueurs ou boissons fermentées ; il faut observer dans son régime une grande sobriété.

Voici maintenant les remèdes intérieurs à faire, et desquels, si on n'obtient pas une guérison complète, on retire du moins un grand avantage et un véritable soulagement.

On prend une poignée de racines d'orties piquantes et autant de racines d'oseille ; on les lave sans les râtisser ; on les met dans quatre litres d'eau que l'on fait bouillir à petit feu jusqu'à réduction d'un cinquième, c'est-à-dire que trois ou quatre verres d'eau se soient usés par l'ébullition. On ôte alors le pot du feu, on y met deux onces de miel, on tire à clair, après que la liqueur est refroidie, et on la met dans des bouteilles pour la prendre ainsi : deux verres tous les matins, à une demi-heure d'intervalle, pendant trois semaines, et deux heures avant déjeûner. Il faut faire usage de cette tisane au commencement du traitement que je donne pour cette maladie.

Pour s'en préserver ou la détruire, c'est à trois époques de l'année qu'il faut en user pendant trois semaines, savoir : au commencement d'avril, de juin et de septembre. C'est un excellent remède pour chasser les sables et les graviers des reins et de la vessie ; de plus, cette tisane, rafraîchissante de sa nature, ne peut faire aucun mal, quand bien même il y aurait irritation et inflammation dans la vessie et les reins. Chaque fois qu'on prend ce remède, il est bon de se mettre, au début, sur le bas-ventre un cataplasme fait avec du vert de poireaux bouilli dans du lait. Pendant ce traitement de trois semaines, on prend deux fois par jour, deux heures après chaque repas, une tisane faite de cette manière : racines de petit houx, d'asperges et de fraisier, 50 grammes chacune, en tout 90 grammes ; on fait bouillir dans un litre d'eau. La dose à prendre est d'un verre chaque fois.

Si, après ces trois semaines, ce remède n'a pas produit tout l'effet qu'on en attendait, c'est-à-dire un entier soulagement, alors on fait le remède suivant, pendant quinze jours :

On prend la plante que l'on appelle verge d'or, en latin *virga aurea* ; on la réduit en poudre très-fine. On prend une cuillerée de cette poudre, on la mêle bien dans un œuf frais cuit mollet, puis le malade l'avale le matin en se levant. Il doit rester quatre heures après sans prendre de nourriture.

Pendant ce traitement de quinze jours, le malade prendra, deux heures après son déjeûner et deux heures après son dîner, un verre d'eau dans lequel il aura mis une demie cuillerée à café du sel des eaux de Vichy (Allier), et même une cuillerée, pour les tempéramments robustes Il faut bien battre cette eau avec la cuiller, pour que le mélange soit bien fait. Ce sel des eaux de Vichy se trouve chez tous les pharmaciens.

Ce dernier remède est un des meilleurs que l'on connaisse contre cette maladie. Il est rare, extrêmement rare qu'il ne soit pas couronné d'un plein succès. On peut faire usage de la verge d'or avec confiance, parce que cette plante n'offre aucun danger.

Il faut user avec un peu plus de précaution des sels des eaux de Vichy, surtout quand il y a inflammation d'entrailles ; dans ce cas, au lieu de deux verres par jour, on n'en prend qu'un, et si on ne peut pas faire autrement, on en suspend tout-à-fait l'usage. Je ne veux pas dire pour cela que ce soit un poison. Son seul défaut, c'est qu'au lieu de calmer, il irrite.

C'est là, Monsieur le Curé, le traitement qui me paraît le mieux réussir contre cette maladie. Toutes les autres choses que l'on a vantées outre mesure n'ont de vertu que dans l'imagination de ceux qui les ont préconisées. Ainsi toutes ces fameuses boissons que l'on a données comme capables de dissoudre la pierre et de fondre les calculs des reins, ne sont pas encore trouvées. On attend et on attendra sans doute longtemps encore les expériences et les observations propres à confirmer l'efficacité de tels remèdes.

— Docteur, je vous sais infiniment gré des explications et des développements que vous venez de me donner sur deux genres de maladies qui font payer un rude tribut à la grande famille du genre humain. Puissent vos remèdes se propager et recevoir de ces pauvres malades mille bénédictions.

— J'ai encore à ce sujet deux mots à vous dire, Monsieur le Curé, et que j'allais oublier; j'ai à vous parler d'une fameuse recette que m'a donnée un de vos confrères du diocèse de Rodez, avec qui je me trouvais en voyage il y a à peu près cinq à six ans. Il m'a assuré que son remède était infaillible, et qu'il ne l'avait jamais vu administrer sans qu'il en fût résulté d'heureux effets.

— S'il en est ainsi, Docteur, nous avons enfin trouvé un précieux dissolvant qui rendra de grands services à la pauvre humanité, qui depuis le péché d'Adam est entourée de tant de misères et de maux.

— Je ne puis, Monsieur le Curé, vous garantir d'une manière positive l'efficacité de ce remède, je n'ai pas eu l'occasion d'en faire l'expérience. Mais, quoi qu'il en soit, voici la formule telle qu'elle m'a été donnée.

On prend 50 grammes de chacune des racines dont les noms suivent : arrête-bœuf, chiendent, petit-houx, fraisier, douce-amère, parayra-brava ; on fait bouillir le tout dans deux bouteilles d'eau pendant 25 à 30 minutes et on ajoute ensuite dans ce liquide bouillant quelques branches de serpolet, quelques cosses de haricots, une pincée de lierre terrestre, autant de busserolle, quelques feuilles de mauve et cinq à six zestes de noix. On fait bouillir sept à huit minutes ces nouveaux ingrédients ; puis on laisse refroidir le tout en ayant soin de couvrir le pot, et on tire à clair ce liquide.

Voici comment on emploie cette boisson : on en prend trois verres par jour, pendant une huitaine, sans discontinuer ; le premier verre se prend une heure avant déjeûner, le second trois heures après le premier repas, et le troisième une heure après souper, en se mettant au lit. Si l'on se sent entièrement soulagé avant la huitaine, on peut suspendre ce remède, pour ne le reprendre qu'autant qu'on ressentirait de nouvelles atteintes de cette maladie.

Voilà, Monsieur le Curé, ce fameux remède que l'on m'a donné comme infaillible, et que par oubli j'ai failli ne pas vous communiquer.

— Je vous en suis infiniment reconnaissant, Docteur, et je vous promets d'en faire l'expérience à la première occasion qui se présentera. Comme vous êtes sur le départ, Docteur, et que nous allons nous quitter pour longtemps, vous me permettrez de vous souhaiter un heureux voyage, en attendant que j'aie de nouveau le plaisir de vous revoir.

— Adieu, Monsieur le Curé ; à l'année prochaine, s'il plaît au bon Dieu, le souverain maître de toutes choses, de nous conserver la santé et la vie.

— Adieu, Docteur, adieu jusqu'au printemps,

Remède contre la Fluxion de poitrine et les Pleurésies.

Ici, lecteur, la scène change ; jusque-là je me suis entretenu théoriquement avec un docteur de mes amis ; maintenant vient l'application, des remèdes qui m'ont été indiqués, vient le moment de jouir du fruit de mes études et des connaissances médicales que j'ai acquises ; d'en jouir, dis-je, en rendant, pour l'amour de Dieu et de ses semblables, la santé et la vie à de pauvres malheureux consumés par la maladie. Oh ! qu'on est heureux lorsqu'on peut rendre quelques services à ses frères en Jésus-Christ, sans espoir d'autre recompense que celle de là-haut !

Voici une prescription très-simple qui a réussi plusieurs fois dans des fluxions de poitrine et des pleurésies ; mais surtout sur le malade dont nous allons parler. Une fois une bonne femme, à l'air inquiet et triste, vient me trouver et me dire : Monsieur le Curé, j'ai bien peur que mon pauvre oncle ait attrapé une fluxion de poitrine ; il a la fièvre ; il est au lit ; il se plaint de douleurs piquantes au poumon droit; sa respiration est gênée ; il ne peut rester couché que sur son dos ; il tousse fréquemment et crache des matières écumeuses, gluantes et entremêlées de sang ; il n'en peut plus.

— Oui, mon enfant, d'après ce que vous venez de me dire, vous ne vous trompez pas ; c'est bien un fluxion de poitrine.

— Que faut-il donc faire, Monsieur le Curé ?

— Il ne faut pas lui donner à manger ; seulement faites-lui prendre un petit bouillon clair sans pain, deux ou trois fois par jour. Gardez-vous bien de lui faire boire froid. Faites-lui prendre des infusions tièdes de guimauve, de fleurs de bourrache, de violettes et de coquelicots. Tenez-le bien chaudement.

Vous lui mettrez sur la poitrine un cataplasme ou emplâtre fait avec du suif de chandelle que vous étendrez à l'épaisseur d'un sou, avec un couteau, sur un linge.

Vous lui donnerez une infusion légère faite avec quelques feuilles de buis ; c'est la première chose que vous lui ferez.

Vous le couvrirez bien, pour le faire suer, et vous aurez soin qu'il ne se refroidisse pas.

Vous lui donnerez un verre d'huile d'olive tiède chauffée au bain-marie, c'est-à-dire dans l'eau chaude. Le malade boira ce verre préparé ainsi en trois ou quatre reprises, dans l'espace d'un quart-d'heure ou 20 minutes. Il ne faudra pas pendant ce temps-là la laisser refroidir dans le verre.

Vingt-quatre heures après cette première prise, il recommencera de la même manière, et après avoir fait cela trois ou quatre jours il sera guéri. Il ne faudra pas lui ôter l'emplâtre avant quinze jours. Il continuera pendant tout ce temps-là à boire un peu tiède. Allez vite, ma bonne, et faites ce que je vous dis.

— Je vous remercie bien, mon bon Monsieur le Curé ; le bon Dieu vous récompense !

M. Rigal, curé de Ste-Gemme (Tarn), qui possède un exemplaire de notre première édition, nous a écrit que, par cette prescription bien suivie, il a sauvé un de ses paroissiens dont la vie était grandement menacée par une fluxion de poitrine très-avancée.

Remède contre la Rage.

La divine Providence, dans sa bonté pour l'homme, n'a pas voulu que cette terrible maladie dont nous nous occupons ici, fût une de celles qui en grand nombre font le triste apanage de notre pauvre humanité et s'attaque à elle directement ; l'homme heureusement n'est pas assujéti à cette maladie par lui-même : s'il lui arrive le malheur d'en être atteint, c'est aux morsures de bêtes enragées et principalement à celles des chiens qu'il doit en attribuer la cause.

Voici à quels signes on peut reconnaître cette terrible maladie : un délire furieux, souvent sans fièvre, s'empare du malade et se fait sentir par accès. Dans ces accès le malade se jette sur ceux qui l'entourent, leur crache au visage, les déchire à la manière des bêtes féroces ; il tire la langue comme les lions ; sa bouche est couverte d'écume ; il rejette beaucoup de salive ; son visage est rouge, ses yeux sont étincelants ; il est triste et inquiet et a presque toujours une grande crainte et aversion pour l'eau.

Voici ce qu'il y a faire dans cette maladie. Il faut bien nettoyer la plaie, l'égratigner pour la faire saigner le plus possible et puis la laver avec une dissolution de quelques graines de potasse dans une livre d'eau. Cela fait, on applique sur le mal un petit cataplasme fait avec de l'ail, de l'herbe de ruë et du sel pilé, le tout bien mêlé ensemble. Le lendemain on enlève ce cataplasme et on promène une fois ou deux sur la plaie un pinceau de linge trempé dans le muriate d'antimoine liquide, puis on recouvre la plaie d'une omelette cuite à l'huile ; on ne doit pas l'enlever avant le dixième jour après l'avoir mise. Maintenant pour les remèdes intérieurs, il faut prendre le premier jour un litre de lait dans lequel on a fait bouillir une poignée de feuilles de ruë, autant de feuilles de buis et une dizaine de feuilles de sauge. On divise le tout en quatre prises avalées de cinq minutes en cinq minutes, puis l'on se couche pour transpirer.

Le lendemain on fait une omelette composée d'un œuf et d'une forte cuillerée à bouche d'une poudre dont nous allons parler à l'instant. Cette omelette mêlée à la poudre et bien battue ensemble doit être cuite à l'huile d'olive ou à l'huile de noix. Le malade doit manger trois ou quatre de ces omelettes par jour, trois heures avant ou après les repas ; et cela pendant une huitaine de jours.

Voici maintenant ce que c'est que cette poudre : ce sont des racines d'églantier sauvage, que l'on fait sécher en grande quantité au four ; mais lentement, c'est-à-dire quand on a tiré le pain, et on les réduit en poudre très-fine que l'on peut garder indéfiniment mises dans des vases ou des sacs de papier, pour s'en servir au besoin. Voici un autre remède donné par un missionnaire de la Chine comme infaillible, même quand la rage est déclarée; mais comme c'est un remède très-violent fait avec une plante dangereuse, je ne vous conseille pas de l'employer. Il ne faut se servir de ce remède-là qu'à la dernière extrémité.

Voici comment il est composé: un litre d'eau dans lequel on fait bouillir jusqu'à réduction de moitié trois poignées de datura stramonium, que l'on trouve chez tous les pharmaciens; on fait prendre ce demi-litre tout d'un coup. Le remède est tellement fort, que le malade tombe tout-à-coup dans une grande prostration. Il transpire d'une manière effrayante; mais quand la transpiration cesse, il est guéri.

Voici un autre remède que l'on assure être excellent contre cette maladie. On prend des écailles d'huître; on les met dans la braise pour les faire calciner, puis on les réduit en poudre très fine que l'on met dans une bouteille bien bouchée, pour s'en servir au besoin. On peut la conserver ainsi fort longtemps sans qu'elle s'altère. Pour s'en servir, on prend deux fortes cuillerées à bouche de cette poudre que l'on bat avec quatre œufs; on en fait une omelette que l'on fait cuire à l'huile d'olive; on la fait prendre au malade étant à jeûn et six heures avant de manger : ce remède ainsi composé doit être pris pendant trois fois, en l'espace de six jours consécutifs, tous les deux jours l'un.

Avis essentiel. — Comme la rage est une maladie des plus redoutables et des plus à craindre, on fera très-bien de prendre toujours les plus grandes précautions dans son traitement. Le traitement qu'on vient de lire peut produire d'heureux effets ; mais comme il pourrait peut-être se faire quelquefois, que, pour une cause ou pour une autre, il ne produisît qu'un médiocre résultat, nous mettons ici en note un remède que l'on dit être infaillible. Comme nous ne l'avons pas éprouvé, nous n'en prenons pas sur nous la responsabilité ; seulement nous disons qu'on peut le faire sans inconvénient et qu'il peut avoir un plein succès.

Ce remède consiste en l'emploi topique d'un liquide à base de perchlorure de fer. Voici ce que l'on dit à ce sujet : celui qui avait d'abord composé et essayé cette préparation contre le virus syphilitique, et cela avec un plein succès, remarqua de plus que ce liquide détruisait de même le virus du vaccin, et il se demanda aussitôt si ce même produit ne détruirait pas aussi le virus de la rage et celui de la morve ; des essais en ce sens furent aussitôt entrepris, et le résultat fut aussi concluant contre la rage qu'il l'avait été contre le virus de la syphilis.

La solution prophylactique de perchlorure de fer détruit le virus de la rage avec certitude, dit-on, deux heures après que les morsures ont été faites.

Il est probable que son action est la même après quatre et même six heures. Toutefois nous dirons après deux heures, tant que d'autres expériences n'auront pas fait prononcer sur le temps après lequel l'emploi du nouveau prophylactique est incertain.

Ce remède, sans en avoir l'inconvénient, comblera donc toutes les lacunes si graves que laisse après lui l'emploi du fer rougi.

C'est à un pharmacien, qu'on doit confier cette préparation, qui doit servir à laver la plaie, sur laquelle on met une compresse imbibée de ce liquide.

Nous enregistrons avec plaisir à la fin de cet article, un remède qui vient de nous être donné comme éprouvé plusieurs fois contre la rage. Prenez une grosse poignée de sauge, une de ruë et une de trèfle : pilez bien le tout dans un mortier et mettez ensuite cette matière dans un vase. Pilez à part dans le même mortier, 14 à 15 clous de girofle, et 15 grammes environ d'écorce de citron. Vous mêlez ensuite le tout ensemble et vous repilez quelques instants ; puis vous mettez dans votre mortier deux fortes poignées de sel prises à deux mains, vous y ajoutez deux verres de vin blanc vieux et vous repilez encore fortement. Vous exprimez ensuite ces matières à travers un linge et vous en obtenez deux verres de liquide, dont vous en faites prendre un de suite au malade, s'il le rejette vous lui donnez le second. Il est essentiel de couvrir la plaie avec le marc de ces matières. La dose de ce liquide est d'un demi-verre pour les enfants, d'un verre pour un porc et un chien, et de deux verres pour un cheval ou un bœuf, en observant toujours de mettre le marc sur la plaie. Ce remède est celui dont faisait usage, avec succès, l'ancien curé du Breuil.

Epilepsie ou Mal caduc.

Cette affreuse maladie est une convulsion de tout le corps ou de quelques-unes de ses parties, avec lésion de l'entendement et des autres sens ; convulsion qui vient par accès de temps à autre ; le malade tombe tout-à-coup et jette beaucoup d'écume par la bouche.

Comme toutes les parties de son corps sont dans une violente contraction, il en provient quelquefois des écoulements involontaires. Cette maladie procède d'une abondance d'humeurs âcres, qui se mêlent avec les esprits animaux, leur donnent un mouvement extraordinaire et déréglé, ce qui fait que le malade tombe subitement sans connaissance. Cette maladie, à force de se réitérer, jette plus ou moins le malade dans l'idiotisme. On appelle encore cette affreuse maladie mal caduc ou haut-mal.

C'était un soir, au moment où le soleil allait se cacher derrière l'horizon : un pauvre père et une pauvre mère, venant de plus de quinze lieues, se présentèrent avec leur enfant.

— Monsieur le Curé, nous avons recours à vous, me disent-ils ; si vous pouvez nous rendre service, vous nous ferez un bien grand plaisir, car nous sommes bien affligés ; notre enfant est atteint du mal caduc, depuis deux ans.

— Comment cela lui est-il donc survenu ?

— A la suite d'une peur terrible qu'il eut.

— Tranquillisez-vous, mes braves gens,

tranquillisez-vous; cette maladie peut se guérir, quoique difficilement.

Voici ce que vous ferez ; il faut vous procurer de la racine de valériane sauvage et de pivoine mâle, 20 grammes de chacune. Vous les mettrez en poudre très fine et vous les mêlerez bien exactement ensemble. Vous prendrez de cette poudre 4 grammes, c'est-à-dire pas tout-à-fait le poids d'une pièce de 20 sous (si la personne est plus âgée, on peut en mettre le poids de 7 grammes); vous mettrez cette poudre dans quatre cuillerées de vin blanc, que vous ferez prendre chaque matin à jeûn au malade, pendant 8 ou 10 jours.

Pendant ce temps-là, le malade ne doit se nourrir que de lait. Si ce régime lui donnait une diarrhé ou une constipation, il suffirait, pour faire cesser l'une et l'autre, de prendre dans le premier cas, du riz cuit au lait, et dans le second de mettre une cuillerée de miel dans une tasse de lait.

Immédiatement après ces dix jours de traitement, on fait prendre pendant un mois, trois heures avant déjeûner et tous les jours, au malade une des pilules suivantes : on met six grammes de bleu de Prusse pulvérisé, et deux grammes et demi de calomélas dans une quantité suffisante d'extrait de valériane pour en faire trente pilules de la grosseur d'une fève. Le tout bien mélangé, on doit en prendre une chaque jour, comme il est dit plus haut.

Si ce remède ne réussissait pas (ce qui peut arriver), il faudrait lui faire suivre le traitement d'un célèbre médecin de Genève, qui affirme avoir fait des cures merveilleuses par ce moyen. On fait préparer chez le pharmacien de petites pilules composées d'extrait de réglisse, dans lesquelles entrent pour chacune 10 centigrammes d'oxide de zinc.

Le premier jour on prend trois de ces pilules, une le matin à jeûn, une autre deux heures après avoir mangé, et une troisième une heure après avoir soupé. On augmente peu à peu la dose de ces pilules jusqu'à neuf par jour en arrivant sur la fin ; et on fait ce traitement pendant deux mois.

Puis on prend des pilules de sulfate de cuivre ammoniacal, composées d'extrait de réglisse ou de valériane, dans lesquelles entrent pour chaque pilule 12 milligrammes de sulfate de cuivre. On les prend de la même manière et en même quantité que celle d'oxide de zinc; ainsi on passe de l'usage des unes aux autres tous les deux mois ; de cette manière les remèdes produisent beaucoup plus d'effet que s'ils n'étaient point intervertis.

Il ne faut pas se décourager ; car on a vu par ce moyen des cures radicales n'avoir lieu qu'après un an de traitement fait de cette sorte. Si ce remède excitait quelques vomissements, ou quelques nausées, il faudrait s'en abstenir quelques jours, ou du moins en diminuer la dose, pour essayer de la reprendre plus tard.

Outre ce que je viens de dire sur l'épilepsie et que je considère comme le meilleur des traitements connus, bien que ces moyens n'aient pas toujours leurs effets, j'ai entendu préconiser grandement le gui de chêne et la pivoine mâle comme des remèdes infaillibles de l'épilepsie quand le sujet malade n'a pas atteint sa trentième année. Je ne dirai rien pour et contre ces remèdes, par la raison toute simple que je n'ai pas eu l'occasion d'en faire usage, à cause de la rareté de ces plantes ; le gui ordinaire est assez commun ; mais le gui de chêne est presque introuvable, surtout dans certains pays.

— Mais dans le cas où l'on pourrait s'en procurer, comment faut-il l'employer, disais-je ?

— Le voici, m'a-t-on toujours répondu : 1° quand on s'est procuré du véritable gui de chêne, soit par une personne fidèle ou par soi-même, on le fait sécher au four après en avoir retiré le pain cuit. On le met ensuite en poudre extrêmement fine, que l'on passe par un tamis de soie et que l'on conserve bien bouchée dans une bouteille, pour le besoin. Les trois derniers jours du déclin de la lune, on prend 15 grammes de cette poudre; on la fait tremper pendant une nuit dans un petit verre de vin blanc, que l'on avale le matin une heure avant déjeûner, et cela pendant les trois derniers jours de chaque lune, et toujours à la même dose, jusqu'à parfaite et complète guérison. Si ce remède ne produit aucun effet, c'est, dit-on, que la maladie est incurable.

2° Si l'on peut se procurer de la graine de pivoine mâle arrivée à sa maturité, c'est-à-dire ayant les grains noirs, on est presque certain de sa guérison; mais comment distinguer la pivoine mâle de celle qui ne l'est pas? La chose est facile : la fleur de la pivoine mâle est simple et n'a que quatre à cinq feuilles, tandis que la fleur de la femelle est double et en a plusieurs.

Cela posé, si on a de cette graine, on la réduit en poudre; on en met le poids de 15 grammes infuser pendant une nuit dans un verre de vin blanc ou clairet, et on en prend le dernier et le premier jour de la lune un verre chaque fois.

Nous ajoutons ici deux recettes de l'ancien curé du Breuil, dont les remèdes ont eu tant de réputation. Pour combattre l'épilepsie, dit-il, il faut prendre le cœur d'une taupe, le mettre dans un demi-verre de vin vieux et faire avaler le tout au malade. Il faut faire cela plusieurs fois et observer le quantième du mois, afin de le prendre le mois suivant le même jour. On peut conserver des taupes dans un pot en y mettant du son.

Autre remède pour le même cas. — On prend un demi-grain de gingembre pulvérisé et délayé dans du sirop de cynorodon ou églantier ; on divise cela en trois potions que l'on prend chaque jour pendant longtemps.

Remède contre la Morsure de Vipère

ET AUTRES REPTILES VENIMEUX.

C'était dans le beau mois de juin, au moment où une brise légère balance mollement les tendres épis qui viennent d'éclore. La chaleur ce jour-là était étouffante ; on vint me dire, vers midi : Le père Martin a été mordu par un chétif serpent, dans son pré, en travaillant le foin ; on a tué la bête, et on dit que la jambe enfle et qu'il ne peut presque plus marcher.

Je m'y transporte à l'instant ; je reconnais dans le serpent qu'on vient de tuer une véritable vipère. J'examine la morsure ; elle est profonde. La jambe est roide et enflée ; on dirait même qu'elle prend une teinte livide et de mauvais augure. Mon malade se désole en voyant qu'il lui est très-difficile de marcher.

Je le console et l'encourage, en le faisant transporter à son domicile.

Arrivé là, notre homme était plongé dans un grand abattement et une profonde mélancolie. Tout en lui relevant le moral par des paroles consolantes, je lui fis prendre un verre de bon vin, dans lequel j'avais mis préalablement gros comme une fève de bonne thériaque bien démêlée. Je fis ensuite gratter la morsure avec la pointe d'un couteau jusqu'à ce qu'elle saignât ; puis j'appliquai immédiatement dessus une compresse de linge fin pliée en quatre que j'avais trempée dans un liquide composé ainsi : une cuillerée et demie de bonne eau-de-vie, autant de lait de vache, deux charges ou quatre dés pleins de poudre de chasse et un jaune d'œuf séparé du blanc (il faut qu'il soit frais), le tout bien battu et mêlé ensemble. Je recommandai à mon malade d'humecter de temps en temps la compresse avec ce liquide.

Deux jours après, notre bonhomme, qui s'était cru perdu, était parfaitement guéri. C'est un remède très-efficace, dont je puis attester le plein succès.

Appliqué sur la plaie dès le commencement du mal, quelle que soit la morsure, excepté celle de bêtes enragées, il n'y a pas plus à craindre que si l'on s'était fait une simple blessure.

La recette de ce précieux remède m'a été donnée dans mes basses classes par un saint religieux, qui, sans le secours de cet excellent remède, disait-il, était perdu.

Remèdes contre les Scrofules ou Ecrouelles.

Les scrofules sont des tumeurs dures, squirheuses, souvent indolentes, qui se forment peu à peu dans les glandes du cou, des aisselles, des aines, quelquefois aux jarrets, aux bras, aux poignets ou aux mamelles. On comprend aussi sous le nom d'écrouelles les tumeurs froides qui surviennent sur les os et aux jointures. On distingue deux sortes d'écrouelles, les bénignes et les malignes ; les bénignes sont blanches, sans odeur et sans inflammation, et cèdent facilement aux remèdes que l'on fait ; les malignes sont rouges, livides, enflammées, douloureuses et assez souvent incurables ou du moins très-difficiles à guérir.

La cause principale de cette maladie vient de l'épaississement de la lymphe, lequel épaississement est causé par des acides qui arrêtent son mouvement.

C'était au commencement du moi de mai, de ce mois si fécond en fleurs et en verdure, qui vient nous rappeler par sa douceur l'état permanent du monde avant la chute de notre premier père. Vers quatre heures du soir, une pauvre veuve m'amena un petit garçon qui avait le cou d'une grosseur démesurée et dans un état affreux. Cette pauvre femme pleurait en me disant : Monsieur le Curé, mon enfant ne guérira point, n'est-ce pas ? Je crains fortement qu'il en meure. Combien ce serait malheureux pour moi, qui n'ai plus que lui maintenant !

— Consolez-vous, ma bonne mère ; votre enfant peut guérir. Cependant, si le bon Dieu en jugeait autrement, il faudrait vous soumettre à sa sainte volonté et dire comme le saint homme Job : Le bon Dieu me l'avait donné, le bon Dieu me l'a ôté. Que son saint nom soit béni ! Ce que je vous dis là cependant ne doit pas vous ôter l'espérance de conserver votre enfant. Il guérira, je l'espère.

Voici ce que vous ferez, ma bonne mère : vous ferez bouillir dans deux litres d'eau 50 grammes de racines de patience sauvage. Quand vous aurez tiré du feu votre pot, vous y mettrez une poignée d'orties blanches ; vous passerez cette tisane et vous en ferez boire deux verres par jour à votre enfant, un le matin avant de manger et l'autre le soir deux heures après avoir soupé, et cela pendant un mois entier.

Vous prendrez 12 grammes de carbonate de potasse et 50 grammes de gentiane jaune concassée. Vous ferez infuser à froid ces deux drogues pendant vingt-quatre heures dans un litre d'eau-de-vie, et vous donnerez tous les soirs deux cuillerées à bouche de cette liqueur en couchant votre enfant. Il faut que ce soit deux heures après souper ; dans ce cas-là le verre de tisane qui avait été indiqué pour cette heure, est pris deux heures après-dîner. Si la fièvre se faisait sentir, il faudrait suspendre ce remède jusqu'à ce qu'elle fût passée.

Quand on a pris pendant un mois la tisane indiquée ci-dessus, on la remplace par le remède suivant : Vous pilerez des soucis des champs ou de jardin, les feuilles, cosses et fleurs, excepté la racine ; vous en exprimerez ensuite le jus dans un linge que vous tordrez. La quantité doit être de quatre cuillerées à bouche, que vous mettez dans autant de vin blanc et que vous faites prendre chaque matin à votre enfant, deux heures avant déjeûner, cela pendant quinze jours. Ces quinze jours passés, vous suspendez pendant 8 jours et puis vous continuez. Si votre enfant venait à vomir, le lendemain vous ne lui donneriez pas le remède ; il faudrait attendre jusqu'au surlendemain, et pendant ce temps-là il ne faudrait lui laisser manger ni fruits crus ni rien d'épicé, ni de trop salé.

Il faut qu'il mange peu à la fois et plusieurs fois le jour. Si vous pouviez lui faire manger à tous les repas du bœuf grillé, ce serait bien bon. Le mal crèvera, mais il ne faudra pas vous en étonner : ce sera un indice de guérison. Il faut faire ce traitement pendant neuf semaines, en suspendant huit jours toutes les quinzaines.

Quand le mal aura crevé, il faudra le bassiner et le nettoyer avec l'*Eau divine* indiquée pour les yeux ; on la fait de quelques degrés plus forte que pour les yeux. On doit entretenir sur le mal des compresses imbibées de l'eau divine et que l'on change très-souvent. Par ce moyen on est bientôt guéri. Il faut exprimer le jus de souci chaque jour, pour ne pas le laisser corrompre (ce qui se fait très-facilement), et pour qu'il ait plus de vertu et de force.

On fait très bien, pendant ce traitement, de prendre une dizaine de grands bains, en s'y plongeant jusqu'au cou. On doit mettre dans chaque bain 500 grammes de guano que l'on a fait dissoudre dans 5 litres d'eau bouillante, en remuant bien avec une cuiller ; on met ce guano dans le bain et on remue de nouveau avec un bâton. Ces bains sont un des meilleurs remèdes que je connaisse pour enlever la cause morbide de cette maladie, qui se trouve dans le sang.

Vous verrez, ma bonne mère, que ce traitement que vous ne serez peut-être pas obligée de suivre en entier, aura un excellent effet, et que vous conserverez votre enfant, qui plus tard, je l'espère, sera le bâton de votre vieillesse et fera votre consolation. N'est-ce pas vrai, mon enfant ?

Dans le cas où le mal ne crèverait pas après avoir fait le traitement de jus de souci pendant neuf semaines, il faudrait avoir recours au remède suivant qui rarement reste sans effet.

On prend sublimé en poudre très-fine demi-once, gomme adragante une dragme, eau de scabieuse ce qui est nécessaire pour ramollir la gomme. On y mêle ensuite le sublimé et on en fait une pâte dont on forme des petits pains de la grosseur d'un grain d'orge ; on les fait sécher à l'ombre pour s'en servir au besoin. Plus ils sont vieux, meilleurs ils sont.

Cela fait, on mouille de salive le mal, on y met un de ces petits pains que l'on bande bien et on le laisse jusqu'à ce que le mal soit ouvert. On lave alors la plaie avec du vin blanc et on la panse pendant deux jours comme un cautère. On met ensuite un ou deux de ces petits pains sur le mal en ayant soin de les changer de 24 heures en 24 heures, jusqu'à ce que l'on ne voie plus dans la plaie de ces petits filets blancs qui sont la racine du mal. Pour que le remède cause moins de douleur, il faut mettre dans la composition de ces petits pains 4 grains d'opium.

Comme on m'a assuré qu'un jeune homme scrofuleux dans toute la force du terme avait été guéri par un remède facile à faire que lui avait enseigné un bon campagnard, je m'empresse de le relater ici, convaincu qu'il pourra peut-être un jour rendre quelques services.

Combien on est heureux quand on peut porter, avec l'aide de Dieu, quelques soulagements à tant de misères qui couvrent la terre ! Oh ! que le malheureux malade est content quand il trouve une âme charitable qui allège ses infirmités et adoucit ses maux !

Voici ce remède : on prend 12 onces d'huile d'olive, 4 onces de céruse, 2 onces de litharge d'or, 2 onces de myrrhe et 2 drachmes de camphre. On met l'huile dans une casserolle de terre bien vernissée, que l'on place sur un feu doux.

Quand l'huile commence à frémir, on verse la céruse peu à peu dans la casserolle, en remuant continuellement avec une spatule en bois. Cette opération faite, on y mêle la litharge d'or mise en poudre de la même manière, en remuant toujours jusqu'à ce que le tout soit bien incorporé.

Cet onguent prend d'abord une couleur jaune-clair ; alors on pousse un peu moins le feu. Quand il commence à s'épaissir et à prendre une couleur jaune-noirâtre, on le retire du feu et peu après on y verse la myrrhe, remuant sans cesse pendant sept ou huit minutes ; on y mêle ensuite le camphre peu à peu ; quand il est bien incorporé, on couvre la casserolle avec un linge, pour conserver à l'onguent la force et l'odeur de ces deux derniers ingrédients. Quand cet onguent est froid, on le met en rouleaux et on le conserve pour s'en servir au besoin.

Pour l'employer, on le fait un peu chauffer, et on l'étend ensuite avec un couteau sur un linge en toile que l'on applique sur le mal. On peut laisser cet emplâtre sur la partie malade pendant trois jours sans la changer, si le mal est ordinaire. S'il est grand, il faut le renouveler toutes les 24 heures. Ce remède est souverain non-seulement pour guérir les écrouelles, mais encore pour plusieurs autres maladies, telles que cancers, gangrène, fistules lacrymales, loups, quelque vieux qu'ils soient, douleurs de jambes et de bras, dartres, gales, hémorroïdes. On peut s'en servir avec avantage pour les cors aux pieds et pour faire percer les abcès.

Remèdes contre les Fièvres.

La fièvre, que tout le monde connaît, devient parfois épidémique dans certaines contrées marécageuses et malsaines. Considérée sous ce point de vue, c'est ordinairement sur la fin de l'été ou au commencement de l'automne qu'elle fait son apparition, et attaque parfois successivement tous les membres d'une famille entière. Cette maladie survenant à cette époque, est attribuée en grande partie aux fatigues et chaleurs excessives de l'été, aux miasmes épais qui ont coutume de s'élever dans cette saison des étangs, rivières, eaux dormantes et terrains bas, et enfin aux différents fruits, qui à cette époque sont mangés avec excès.

La fièvre qui se fait sentir aux autres saisons de l'année est causée ordinairement par un refroidissement, une trop grande quantité de bile ou une sueur rentrée. Pour l'éviter, il faut donc se tenir chaudement, surtout ne pas se mettre pieds nus sur la terre ou les carreaux en sortant du lit; ne pas manger avec excès des fruits crus; ne pas s'exposer à cet air frais et marécageux qui se fait sentir avant le lever et après le coucher du soleil; enfin ne pas se tenir les bras nus dans ces moments. Voilà l'hygiène pour prévenir la fièvre.

Un remède qui m'a très-bien réussi (et que l'on peut mettre, ajoutons-nous, pour corroborer l'affirmation de ce bon curé, sur la même ligne que les fameuses pilules Gafard, dont l'usage aujourd'hui est répandu partout, malgré le haut prix), est le remède suivant, qui a guéri bien des personnes, entr'autres une pauvre femme mère de six enfants. Le sort de cette malheureuse était à plaindre ; aussi quand je lui donnai l'assurance qu'elle serait bientôt guérie,.

—J'en ai bien besoin, Monsieur le Curé, me dit-elle, pour soigner mes pauvres enfants et ne pas les laisser manger par la vermine.—

La pauvre femme est grandement pénétrée de ses devoirs de mère. Plût à Dieu que toutes celles qui portent ce nom eussent à cœur comme elle de remplir toutes les obligations qu'il impose ! nous ne verrions pas sur la terre tant de crimes et de misères inouïes qui font l'opprobre d'une partie du genre bumain.

Quand on a la fièvre, les remèdes à employer sont : 1° de faire bouillir dans un litre d'eau deux poignées de chicorée sauvage ou de jardin jusqu'à réduction d'un tiers. On passe au clair dans un linge, en exprimant fortement le marc avec les mains. On fait dissoudre dans cette colature 50 grammes de sel de glauber, puis on fait prendre au malade trois verres de cette tisane, de demi-heure en demi-heure et à jeûn. Il faut que ce soit le jour où il n'aura pas la fièvre. Il faut de plus que la dernière prise ait lieu une heure avant de déjeûner. Le lendemain, avant que la fièvre revienne, on fait prendre cinq grains de quinine dans un peu de confiture ou un morceau de pomme cuite. Ceci est pour préparer les voies et assurer au remède suivant toute son efficacité.

On prend 50 grammes de quinquina, 4 de rhubarbe, sel de tartre, sel d'absynthe, sel de centaurée, sel de germendrée, un demi-gramme de chacun. On met toutes ces drogues dans une quantité suffisante de sirop d'absinthe, pour en faire quinze pilules qu'on devra prendre en cinq jours.

Voici la manière de se les administrer : l'une le matin à jeûn, suivie d'une petite soupe au beurre ; l'autre après un léger dîner, et la troisième après un léger souper, suivie d'un petit bouillon.

C'est donc, comme on le voit, trois fois par jour qu'il faut prendre ces pilules.

Il est bien entendu que le remède ne doit être pris que lorsque l'accès de fièvre a cessé.

Il peut arriver quelquefois que la fièvre disparaît à la première ou seconde prise ; malgré cela il faut continuer le remède pendant les cinq jours. C'est un moyen infaillible pour ne pas reprendre la fièvre.

Deux mots maintenant sur la nature de la fièvre.

La fièvre, selon la définition qu'en donnaient les anciens médecins, qui ne sont pas toujours à dédaigner, est une fermentation extraordinaire, accompagnée de la fréquence du pouls, et le plus souvent d'une chaleur excessive qui se fait sentir dans tout le corps ou ses principales parties.

La cause la plus ordinaire de la fièvre est aussi, suivant les mêmes médecins, l'ébullition des parties sulfureuses du sang et leur mélange avec des sels acides ou autres de différentes natures. Ces dérangements sont causés par le manque d'hygiène que j'ai signalé plus haut.

Le remède que je viens d'indiquer contre la fièvre est excellent, il est vrai ; mais j'avoue qu'il est un peu compliqué ; c'est donc pour obvier à cet inconvénient que j'indique ici deux autres remèdes fort simples, et qui pour cela ne sont nullement à dédaigner.

Le premier de ces remèdes, dont un de mes amis m'a assuré l'efficacité, consiste tout bonnement à prendre un oignon blanc de cuisine, que l'on coupe en deux ; on fait dans chacun des morceaux un trou suffisant pour contenir deux ou trois pincées de poudre à fusil que l'on y met. Le trou doit être du côté de la coupure et dans le milieu. Au commencement de l'accès de fièvre, on applique ces deux morceaux du côté de la poudre sur le pouls de chaque bras, qu'on bande suffisamment pour retenir le remède dans cette position.

Le lendemain du jour où le malade aura pris ce remède, il prendra, à jeûn, dans un peu de confiture, cinq grains de quinine ; il se tiendra bien chaudement et la fièvre disparaîtra presque tout-à-coup.

Ce remède est tellement souverain que j'ai vu maintes fois les fièvres les plus tenaces être guéries radicalement par ce simple moyen.

Le second de ces remèdes, qui produit aussi d'heureux résultats, consiste à prendre un œuf frais, à le casser et à mettre le jaune séparé du blanc, sans le délayer, dans une tasse ; on verse ensuite sur ce jaune d'œuf trois cuillerées d'eau-de-vie ; on y met le feu comme pour faire cuire un punch et on l'y laisse sans le remuer jusqu'à ce qu'il s'éteigne de lui-même.

Quand on sent les premiers accès de fièvre, on avale sans mâcher tout le contenu de la tasse.

On comprend qu'il faut préparer ce remède deux ou trois heures avant l'accès de la fièvre.

Ce remède n'est point répugnant à prendre. Ordinairement il produit son effet à la première ou seconde fois ; à la troisième il est presque toujours immanquable.

J'ai guéri de la fièvre plusieurs personnes par ce simple remède, particulièrement celles qui avaient des fièvres tierces ou quartes. C'est donc dans ces sortes de fièvres que ce remède est excellent, tandis que le premier opère mieux dans les fièvres intermittentes.

Pour ce qui est du dernier remède, c'est-à-dire du jaune d'œuf et de l'eau-de-vie, il faut se coucher aussitôt après l'avoir pris et se faire bien couvrir. Car plus on transpirera, plus l'efficacité du remède sera certaine.

C'est une transpiration arrêtée subitement qui a le plus souvent occasionné la fièvre ; ce doit donc être une transpiration forcée qui pourra la chasser du corps.

Nous ajoutons ici les remèdes dont se servait avec tant de succès, contre toute espèce de fièvre, l'ancien curé du Breuil, dont nous avons déjà parlé. On prend une once de quina rouge pulvérisé, un gros de sel d'absinthe, 16 grains d'émétique et deux cuillerées à bouche de sirop d'absinthe, pour faire 60 pilules, dont on prend 20 chaque jour, le lendemain de la fièvre. On en prend cinq à la fois, de trois heures en trois heures et pendant trois jours consécutifs. Ce remède n'exige aucun régime.

Autre pour la même fin. On prend une forte poignée d'absinthe, autant de sauge, autant de menthe et de seconde écorce de saule ; on hache le tout bien menu et on le délaye avec les glaires du blanc de deux œufs ; puis on étend cette espèce de pommade sur de l'étoupe et on l'applique sur le pouls de chaque poignet, une heure environ avant la fièvre. Il nous semble, pour que ce dernier remède produise plus sûrement son effet, qu'il serait bon de prendre en même temps les cinq grains de quinine dont nous avons parlé plus haut.

Remèdes contre le Charbon et les Pustules malignes.
(SECRET DE FAMILLE).

Le charbon est une pustule de mauvaise nature, qui le plus souvent survient à l'homme par la contagion communiquée par des animaux malades ou morts du charbon. La piqûre d'une mouche infectée de cette terrible maladie peut inoculer ce mal. Il paraît d'abord un petit bouton qui démange beaucoup ; il crève et rend quelques gouttes de sérosité roussâtre. On aperçoit ensuite à son centre un petit tubercule dûr, mobile, semblable à une lentille, accompagné d'une vive douleur.

Si on n'a pas recours à un prompt remède, la gangrène s'y met bientôt et donne assez vite la mort. Il faut donc apporter la plus grande diligence pour le traitement de boutons de cette nature.

Bien des personnes prétendent qu'il n'y a pas d'autres remèdes à appliquer à ce mal que de faire une incision au bouton et le brûler ensuite au fer rougi à blanc, ou par le moyen des eaux fortes : c'est une erreur ; il y a un moyen aussi efficace et moins douloureux, que je vais indiquer et qui m'a très-bien réussi.

Nous étions en temps de fenaison ; la journée était chaude ; un grand jeune homme de 25 ans, tout haletant, m'arrive plus mort que vif. Il avait été piqué par une mouche infectée de ce mal affreux. On lui avait dit que c'était le charbon et qu'il n'y avait pas de remède.

Jugez dans quelle épouvante se trouvait ce pauvre jeune homme ; il tenait à l'existence comme tous les jeunes gens de la campagne que la dépravation et la dégradation morales des grandes villes n'ont pas dégoûtés de la vie.

Sa première parole fut celle-ci : Monsieur le Curé, on me dit perdu !

— Non, non, mon cher ami, vous ne mourrez point de cette maladie. Tranquillisez-vous et remerciez le bon Dieu de vous avoir suggéré l'idée de venir me trouver ; nous allons vous faire un remède qui ne vous fera pas souffrir, et dans quelques jours vous serez guéri.

— Ah ! Monsieur le Curé, combien je vous serais reconnaissant, si ce que vous me dites était vrai !

— Oui, mon ami.

Voici, mon garçon, lui dis-je, de quelle manière il faut faire votre remède, et comment vous devez employer la thériaque, que vous trouverez chez notre marchand ; vous en couvrirez votre charbon de la grandeur et épaisseur d'une pièce de 5 francs. Vous mettrez sur cette thériaque une pièce de mousseline que vous aurez soin d'humecter toutes les deux heures avec de la salive que vous prendrez de la pointe du doigt et dont vous humecterez fortement la mousseline, qui communiquera à son tour cette humidité à la thériaque. Vous aurez le soin de renouveler matin et soir la thériaque, et au bout de quelques jours vous serez guéri comme par enchantement.

Notre jeune homme fit exactement ce remède ; en peu de temps le progrès du mal fut arrêté ; il ne sentit presque plus de douleur, et deux ou trois jours après il fut entièrement guéri.

Ce remède est d'un très grand secours toutes les fois que, d'après les indices que je donne ici pour cette maladie, on reconnaît que le mal est un charbon ou une pustule maligne.

Ce remède m'a été donné, pendant la tourmente révolutionnaire, par un de ces vénérables vieillards qui avaient blanchi sous le poids des travaux du sacerdoce.

Remède contre les Brûlures.

Ici je n'ai pas besoin de donner les signes et les causes de la brûlure ; tout le monde les connaît assez. Je ne m'occuperai donc que du traitement.

C'était un jour d'hiver, où toute la campagne était couverte d'une couche de neige, où un vent froid et fort sifflait à travers les fentes des portes, et grands et petits se pressaient autour du foyer, en attendant le repas du soir. Un petit enfant, assis sur un tabouret, tombe en se levant sur un brasier et se brûle considérablement la figure. On me l'apporte en grande hâte, poussant des cris affreux. Le pauvre enfant était en proie aux douleurs les plus vives.

Je pris, à défaut de l'onguent dont je me sers en pareille circonstance, une cuillerée à bouche de vin, une cuillerée à bouche d'huile d'olive, le jaune d'un œuf bien séparé de son blanc; je mis le tout dans une tasse et je versai sur ce mélange 15 à 20 gouttes d'alcool. Je battis le tout comme pour faire une omelette. Je couvris ensuite de ce mélange la brûlure, sur laquelle je mis immédiatement une couche de ouate de coton; en quelques jours la brûlure de cette innocente créature fut complètement guérie, sans presque laisser de traces.

Voici maintenant comment se compose l'onguent dont je fais usage pour la brûlure depuis longtemps et avec succès. Il est un peu dégoûtant, c'est vrai, soit dit en passant; mais il est très efficace. On prend un quart de livre de colombine, ou mieux encore de fiente de poule et autant de beurre non salé. On met ces ingrédients dans un petit pot, avec quelques feuilles de baume de jardin ou de menthe mêlées avec cinq à six feuilles de sauge. On fait bouillir le tout pendant 30 à 40 minutes ; on retire du feu et on y verse quelques gouttes d'huile d'olive que l'on mêle bien avec le contenu du pot. On passe ensuite ce liquide dans un linge que l'on tord bien, puis on le met dans une tasse ou un verre pour s'en servir au besoin.

Pour l'employer, on en passe avec une plume trois ou quatre fois par jour sur la brûlure, qu'on ne doit pas plier et que l'on doit laisser exposée au grand air.

Il ne faut pas enlever les croûtes qui peuvent se former pendant la guérison ; il faut laisser au temps le soin de les faire tomber, si l'on veut qu'il ne reste pas de traces de brûlure.

C'est un remède bien souverain, qui a pour moi une expérience de 40 ans au moins. Cet onguent ainsi préparé se conserve plus d'un an si on le met dans un endroit sec, et s'il est couvert.

Un autre moyen qui produit assez bon effet sur les brûlures, c'est de battre dans une assiette ensemble deux cuillerées d'huile de noix avec deux cuillerées d'eau de chaux et de passer légèrement ce mélange avec une plume sur la plaie. On peut aussi en couvrir une feuille de papier mince et l'appliquer dessus. La brûlure doit être pansée trois à quatre fois par jour, de cette manière, jusqu'à guérison. L'eau de chaux se fait en mettant dans un vase un ou deux morceaux de chaux vive, sur laquelle on verse un litre d'eau ; un quart-d'heure après l'eau est faite.

Bien que ces remèdes aient rendu sous mes yeux plus d'un service, quelqu'un me disait qu'ils étaient peu de chose, mis en parallèle avec une recette qu'il possédait.

« Ce qu'il y a de mieux encore à mon avis, contre les brûlures, me disait-il, c'est le sous-nitrate de bismuth réduit en poudre. C'est de tous les topiques le plus doux et le plus convenable contre les brûlures, pour opérer une prompte guérison. Voici comment on procède pour panser la plaie : on la découvre avec précaution et on la saupoudre avec la poussière de sous-nitrate de bismuth, en laissant le mal exposé au grand air. Au fur et à mesure que la suppuration de la plaie humecte cette poudre, il faut la renouveler. Par ce simple moyen, ajoutait-il, des brûlures de la plus grande gravité ont été traitées avec un succès étonnant ; les souffrances ont cessé presque subitement ; le gonflement et l'inflammation ont disparu peu à peu et la cicatrisation s'est faite promptement dans les meilleures conditions. Tel est l'excellent rapport que l'on m'a fait de ce remède que je n'ai pas eu encore l'occasion d'expérimenter. »

Nous ajoutons ici deux recettes contre la brûlure, venant de l'ancien curé du Breuil, dont il a déjà été fait mention plusieurs fois dans ce recueil. Il faut prendre six blancs d'œufs, une cuillerée d'eau-de-vie, autant d'eau de fontaine et de sucre pulvérisé. On bat le tout ensemble fortement, puis on en lave la partie brûlée pendant 24 heures, de manière à ce que la plaie soit toujours mouillée pendant ce temps-là.

Ou si l'on aime mieux, on met dans une bouteille de l'huile d'olive et du plomb de chasse ; on secoue la bouteille jusqu'à ce que l'huile soit devenue noire, puis on la passe légèrement sur la plaie avec une plume ; on fait cette opération jusqu'à guérison. Il est à remarquer que l'huile la plus vieille est la meilleure.

Remèdes contre les Tumeurs et les Loupes.

On appelle tumeurs et loupes des grosseurs qui surviennent à l'extérieur, sur une partie quelconque du corps. On en distingue de deux sortes : l'une sans douleur et sans inflammation qu'il faut faire fondre et non mûrir ; la seconde au contraire, qui est une véritable tumeur, doit mûrir et percer, parce qu'elle est formée par les humeurs, tandis que l'autre est composée d'une matière squirreuse, qui ne peut disparaître que sous l'influence de remèdes résolvants. J'ai guéri heureusement ces deux espèces de grosseurs, qu'on appelle loupes et tumeurs, et voici comment j'ai procédé pour ces deux traitements qui sont différents.

Une pauvre femme de soixante-cinq ans vint me trouver un jour, en temps de moisson, pour me demander quelques remèdes.

— Qu'avez-vous donc, ma bonne femme, lui dis-je ?

— Ah! Monsieur le Curé, je n'ai bien que trop. Voyez mon bras!

Ce disant elle me montra une grosseur énorme. J'examinai et je reconnus une loupe dûre, sans douleur ni inflammation, par conséquent une dureté qu'il fallait faire fondre.

Je dis donc à cette bonne femme de faire un emplâtre composé en parties égales de ciguë, de vigo et de diachyllum (ces deux dernières drogues se trouvent chez les pharmaciens). On mêle bien le tout ensemble ; on en fait une pâte que l'on met sur un linge et que l'on applique ensuite sur la dûreté. On laisse cet emplâtre quinze jours ou trois semaines, au bout desquelles on en met un nouveau, si la loupe n'a pas encore disparu.

Un emplâtre de ciguë pure mêlée avec un peu de beurre peut faire aussi. Seulement il faut le changer toutes les 24 heures.

Ce fut ce dernier que préféra cette pauvre femme comme plus facile et moins coûteux; en trois semaines de traitement elle se trouva presque guérie. Je lui dis de cesser, que le peu qui restait disparaîtrait seul maintenant; ce qui arriva effectivement un mois environ après.

Un autre jour, je vois arriver à la cure un homme qui paraissait très souffrant et qui n'était guère de bonne humeur.

Qu'avez-vous donc, mon brave? lui dis-je. C'était un militaire de l'Empire. Ce me semble que vous souffrez beaucoup? — Beaucoup est le mot, Monsieur le Curé; on dirait que tous les diables de l'enfer m'écorchent; il me sera impossible d'y tenir, si vous ne me soulagez. Je demandai à voir le mal, qui était placé entre les deux épaules, et à l'instant je reconnus une tumeur qu'il fallait faire percer. Voici ce que vous ferez lui dis-je:

Vous prendrez un oignon commun et mieux encore un oignon de lis. Vous le ferez cuire sous la cendre comme une pomme de terre. Quand il sera cuit, ce qui se fait assez vite, vous ôterez le dessus et vous prendrez ce qui reste de mou dans l'intérieur ; vous le mêlerez avec gros de beurre frais comme une noix et autant de sucre pulvérisé ; puis vous en ferez un emplâtre que vous mettrez sur une pièce de linge et que vous appliquerez encore chaud sur votre tumeur. Vous le garderez 24 heures, au bout desquelles vous en mettrez encore un nouveau, si le mal n'est pas encore percé.

Mon brave fit exactement le remède ; deux jours après il vint me trouver et me dit en me remerciant qu'il ne souffrait plus et que sa tumeur avait percé. Je lui dis d'entretenir pendant quelques jours la suppuration, et que la guérison se ferait ensuite toute seule ; ce qui arriva effectivement.

Il est inutile de dire que le premier de ces remèdes a la vertu de faire fondre et le dernier de faire percer. Les deux faits que je viens de citer le démontrent suffisamment.

Avant de terminer ce qui concerne les tumeurs et loupes, j'ai encore à ce sujet deux remèdes à faire connaître ; ils ne sont nullement à dédaigner, et on peut y recourir plus d'une fois avec avantage. L'un a la vertu de faire mûrir et percer promptement les tumeurs, l'autre de les faire fondre et dissoudre.

Je viens de dire qu'il faut étudier avec soin si la tumeur est composée d'une matière qui sera purulente ou squirrheuse ; je le répète encore, parce que, dans le premier cas, il faut avoir recours au remède qui fait mûrir et percer, tandis que dans le second cas, il faut employer le remède propre pour faire fondre et dissoudre.

J'ai éprouvé les deux remèdes que je vais donner ici sur deux hommes atteints fortement du mal qui nous occupe ; le résultat que j'en ai obtenu a été des plus satisfaisants. En conséquence, je les insère ici, pour qu'ils puissent rendre quelques services dans la suite et faire bénir celui qui l'aura porté à la connaissance du public souffrant.

Pour faire percer promptement, sans avoir recours à la lancette, on fait bouillir dans un poêlon ou un pot de terre neuf un verre de bon verjus, avec une quantité suffisante de mie de pain blanc. Quand le tout a bouilli cinq minutes, on en fait un cataplasme que l'on renouvelle trois fois par jour.

Peu de temps après la tumeur sera mûre et percera, sans faire éprouver la moindre douleur, et bientôt le mal sera guéri. Pour faire fondre et résoudre les tumeurs qui ne sont pas de nature à mûrir et à percer, on prend un gros poireau ; on jette le vert et on conserve le blanc, que l'on enveloppe d'un papier mouillé, pour faire cuire sous la cendre, pendant 15 ou 20 minutes. Cela fait, on retire le poireau du papier ; on le met dans un mortier, et on le pile et incorpore bien avec un petit morceau de graisse de porc gros à peu près comme une noix. On en fait ensuite un cataplasme, qu'on applique sur la tumeur et qu'on renouvelle toutes les sept heures, jusqu'à ce que la matière de la tumeur soit fondue et dissoute. Cela dépend, bien entendu, pour la longueur du temps, de la dureté plus ou moins résistante de la tumeur.

Il est inutile de dire que la quantité de blanc de poireau et de graisse que l'on doit employer dépend totalement de la grosseur et étendue de la loupe ou tumeur.

M. Vacher, curé de Laschamps (Puy-de-Dôme), ayant eu l'extrême bonté de nous communiquer une recette excellente contre le mal dont nous venons de parler, nous nous empressons de l'enrégistrer ici dans un but de charité. On prend un jaune d'œuf frais, une cuillerée de miel et autant d'eau-de-vie, ou de bon vinaigre de vin et on mêle exactement le tout sans le faire cuire ; quand le mélange est bien fait, on ajoute peu à peu de la farine de froment ou de seigle jusqu'à ce que ce mélange soit très-épais. On étend ensuite cette pâte sur un linge en la mettant d'un centimètre d'épaisseur et de la grandeur de la loupe ou tumeur et puis on l'applique dessus. Cet emplâtre doit être renouvelé soir et matin jusqu'à la guérison qui ne se fait pas longtemps attendre. Ce remède est excellent, ajoute-t-il, pour la guérison de toute espèce de tumeur, à l'exception de celle qui tient du cancer : il est de nature à faire percer ou dissoudre, selon le besoin du mal. J'ai vu par son emploi conserver plusieurs membres que les chirurgiens avaient résolu d'amputer.

Remèdes contre la Sciatique ou Mal de reins.

La sciatique n'est autre chose qu'un rhumatisme ou une espèce de goutte qui a principalement son siége dans l'articulation de l'os de la cuisse. La douleur occupe non-seulement les jointure, mais aussi la hanche, les lombes, les cuisses, les jarrets, les jambes, et s'étend quelquefois jusqu'à la plante du pied. Quand elle est trop invétérée, elle rend ordinairement boiteux ceux qui en sont atteints. C'est un mal très-commun : presque tout le monde s'en sent. Les causes de ce mal sont à peu près les mêmes que celles du rhumatisme ; mais les plus communes de ces causes, ce sont les courants d'air et le refroidissement des reins quand on a chaud. On souffre de si vives douleurs quand cette maladie se déclare dans toute son intensité, qu'on est incapable de faire quelques pas sans s'évanouir.

Les deux remèdes suivants sont les deux remèdes les plus efficaces que je connaisse contre cette maladie : 1° On prend deux onces de graines de moutarde, autant de figues grasses ; on mêle le tout ensemble exactement et on en fait un emplâtre que l'on applique sur la douleur. On réitère plusieurs fois cette application s'il le faut, et on est sûr que la douleur disparaîtra.

2° On prend trois poignées de feuilles de sauge et deux livres d'huile d'olive, on met le tout dans un pot de terre pour faire cuire à feu lent jusqu'à diminution de moitié, puis quand la matière est un peu refroidie, on la presse fortement à travers un linge et on met la liqueur qui en sort dans une bouteille hermétiquement bouchée pour s'en servir au besoin. Quand la douleur de la sciatique commence à se faire sentir, on met de cette liqueur dans une assiette que l'on fait chauffer et on s'en frotte la partie douloureuse le plus chaudement possible, puis on met un papier dessus que l'on recouvre de laine retenue par un linge plié en quatre en forme de bandage. On peut aussi préparer ce remède en mettant du gros vin à la place d'huile d'olive. (Voyez page 59 le dernier article du traitement du rhumatisme ; le remède qu'il indique est excellent dans ce cas et peut être fait en même temps que ceux qui sont relatés ici.)

Remèdes contre les Coliques.

La colique est une douleur plus ou moins violente qui se fait sentir dans différentes parties du ventre. La colique peut se diviser en colique bilieuse, venteuse et néphrétique ; la bilieuse est causée par des humeurs âcres, mordicantes, venant de la bile ; la douleur de cette colique est fixe. La venteuse est errante et ne s'arrête en aucun endroit fixe ; elle est produite par des vents qui dilatent violemment l'intestin où ils se trouvent renfermés. La néphrétique se fait ressentir principalement dans la région des reins ; elle provient ordinairement des graviers ou des glaires qui se trouvent dans les reins ou l'urètre. Dans ces trois espèces de coliques, les bains de siége sont d'un grand effet. Si la colique est bilieuse, on fait prendre un lavement composé de feuilles de mauve, de semence de lin ou graines et d'une tête de pavot ou deux, selon la grosseur, dans un litre et demi d'eau, que l'on fait bouillir tout ensemble. On y met ensuite deux jaunes d'œufs que l'on a bien battus, et on en fait trois lavements. On prend une infusion de séné et de rhubarbe dans une décoction de chicorée sauvage. La dose est une petite pincée de séné et gros comme une noisette de rhubarbe. On a soin de se faire mettre sur la partie malade des cataplasmes émollients faits avec des feuilles de mauves ou du son.

On fait avaler au malade une cuillerée à café ou à bouche d'eau-de-vie de vipère, c'est-à-dire de l'eau-de-vie dans laquelle on a fait mourir une vipère qu'on laisse infuser pendant trois semaines. Ce remède est excellent. A défaut de celui-ci, on peut prendre dans un demi-verre de vin rouge, sept à huit prises de poudre d'ardoise que l'on prépare ainsi : on met dans le feu un petit morceau d'ardoise que l'on fait bien rougir, puis on le réduit en poudre très-fine et on la met dans le demi-verre de vin que l'on prend de suite.

Voilà pour la colique bilieuse. Si la colique est venteuse; il faut donner un lavement composé de moitié huile de noix et moitié vin clairet. Il faut appliquer sur la partie malade un torchon, le plus sale que l'on a, après l'avoir bien fait chauffer.

Les bains sont très-bons. On fait prendre au malade un petit morceau de sucre sur lequel on a versé quatre gouttes d'éther, ou bien on fait avaler au malade un œuf frais cuit mollet dont on ôte le blanc, et on met à la place autant d'eau-de-vie mêlée avec de la poudre de noix muscade en petite quantité.

Un autre remède qui a raison facilement de la colique venteuse, c'est de faire bouillir dans un verre d'eau une poignée de fenouil en grains. Quand le verre d'eau est réduit à moitié par l'ébullition, on coule et on ajoute à cela trois grandes cuillerées à bouche d'huile d'olive ou d'amandes douces. Le malade doit prendre cette potion le plus chaudement possible, sans cependant se brûler.

Si la colique est néphrétique, on prend des bains tièdes, on fait mettre sur le ventre de temps en temps des compresses trempées dans une forte décoction de mauves ou de graines de lin. On doit prendre aussi des lavements faits de cette décoction. Pour l'intérieur il faut prendre pendant quinze jours, une pincée de poudre très-fine de la verge d'or mêlée dans un œuf frais cuit mollet que l'on prend le matin à jeûn, trois ou quatre heures avant déjeûner.

Il est bien entendu que dans quelque colique que se soit, il faut se mettre à une diète sévère si l'on veut que les remèdes opèrent.

Il y a encore une autre espèce de colique bien à redouter, c'est celle qu'on appelle vulgairement la colique de *miserere*. Je vais en dire quelques mots et indiquer en même temps d'excellents moyens pour la combattre quand elle attaque un malheureux individu.

C'est un des maux les plus violents que je connaisse, une des douleurs les plus vives peut-être qui existent; les intestins sont comme s'ils étaient déchirés et broyés. Si l'on n'apporte pas un prompt remède à ces déchirantes douleurs, bientôt le malade s'affaisse et succombe au milieu des plus atroces souffrances.

J'ai vu des malheureux à la fleur de l'âge,

robustes et bien portants, être pris tout-à-coup de cette terrible maladie, et en l'espace de quelques heures seulement, rendre le dernier soupir, en proie aux plus vives douleurs.

C'était un spectacle navrant, qui rappelait à la mémoire ces paroles de la Genèse : *Memento, homo, quia pulvis es, et in pulverem reverteris* ; souviens-toi, ô homme, que tu es poussière, et que bientôt tu redeviendras poussière ; ou mieux encore celle du Psalmiste : *Confringet Dominus cedros Libani et comminuet eas,* le Seigneur brisera en un instant les cèdres du Liban et les réduira en poudre. Ces paroles s'accomplissent à la lettre à chaque minute sur une partie notable des quatre-vingt mille personnes que la mort moisonne toutes les vingt-quatre heures dans tout l'univers. On me demandera peut-être quelles sont les causes de cette colique extraordinaire.

A cela je répondrai qu'elles sont difficiles, extrêmement difficiles à préciser.

Les uns les attribuent à des humeurs âcres et brûlantes qui circulent dans les intestins, les autres aux ravages des vers; celui-ci à un fluide pestilentiel qui agit fortement sur les matières fécales ; celui-là à certains poisons inconnus qui se trouvent dans la nourriture dont on fait usage et qui obstruent quelques-uns des intestins; pour tout dire en un mot, personne ne le sait précisément.

Quoi qu'il en soit, voici les remèdes que l'on emploie pour avoir raison de cette colique. La première chose à faire, c'est de donner au malade, dans un demi-verre de vin blanc, cinq à six zestes de noix secs et réduits en poudre très fine.

On fait prendre ensuite au malade un clystère composé de petit-lait tiède, dans lequel on a fait dissoudre une once de savon et mis une forte cuillerée d'huile d'olive.

Quelques instants après on donne au malade une potion bien mêlée, composée ainsi : huile d'olive, eau de rose, gros vin clairet et sucre, quatre cuillerées de chacune de ces choses bien battues ensemble.

Cette potion prise, le malade se met au lit, et se tient chaudement. On lui met sur le nombril une écuelle de terre bien chaude que l'on a fait bouillir dans l'eau; on imbibe cette écuelle en dedans d'une cuillerée d'huile de noix. Quand l'écuelle est refroidie on la fait chauffer sur le feu et on la remet sur le nombril jusqu'à ce que la douleur ait cessé. On doit faire ces remèdes au début du mal.

Les fomentations, les cataplasmes émollients mis sur le ventre sont aussi d'un grand secours. Les bains de siége préparés avec des mauves ou du son produisent d'excellents effets. Ces différents moyens employés seul à seul ou concurremment ont presque toujours parfaitement réussi.

M. Artière, que nous avons déjà cité au *mal d'yeux*, nous a donné une recette très-simple, qui produit, nous assure-t-il, d'excellents effets dans toute espèce de coliques, mais surtout dans la colique de *miserere*. Vous prendrez, nous dit-il, eau-de-vie, eau à boire, lait, sucre en poudre, huile d'olive et bon vin quatre cuillerées de chaque ; vous les mêlerez bien et vous ferez boire le tout au malade. J'ai vu par ce remède, ajoute-t-il, un homme presque mourant guéri radicalement à l'instant même.

Remèdes contre la Goutte.

Cette terrible maladie, qui fait souffrir horriblement et qui cloue pour ainsi dire un pauvre homme sur sa chaise ou son fauteuil, comme un criminel au pilori, attaque de préférence les personnes qui s'adonnent à la bonne chère, qui recherchent les mets succulents et abusent des liqueurs fermentées ou alcooliques. Elle peut être produite par l'excès de la débauche et de l'ivrognerie; delà le nom qu'on lui donne de fille de Bacchus et de Vénus. Ajoutez encore à ces causes que je viens d'indiquer les veilles prolongées, une vie molle et efféminée, la suppression d'une évacuation quelconque, l'impression brusque du froid sur les membres inférieurs, etc.

La goutte débute le soir ou dans la nuit par un frisson léger que l'on sent à la partie affectée, qui est ordinairement le gros orteil ou un autre. Une douleur plus ou moins vive succède à ce frisson, et puis une chaleur plus ou moins forte se fait sentir ; vient ensuite le gonflement de l'orteil, dont la douleur vient insensiblement.

On a vu bien des goutteux guérir radicalement en ne vivant que de lait, de légumes et de fruits ; mais combien il y en a d'autres qui ne sont pas assez raisonnables, assez amis de leur santé pour avoir le courage et la force de se soumettre à un pareil régime de vie !

Cependant il n'y en a pas que je sache de plus anti-goutteux ; et si les personnes attaquées de la goutte avaient le soin de l'observer fidèlement, elles n'auraient nullement besoin d'un médecin pour les débarrasser d'un mal qui fait le tourment de leur vie et les conduit infailliblement à la mort. Quand on trouve de ces gens qui ne veulent s'imposer aucune privation et qui cependant veulent guérir, que faut-il donc faire ? Ce que j'ai fait pour un homme incorrigible que je ne nomme pas. Je fus le voir ; il était très-souffrant.

— Mais, lui dis-je, vous ne voulez donc pas guérir ? si vous vous étiez mis au régime que je vous avais indiqué, vous seriez maintenant débarrassé de ces cuisantes douleurs qui vous torturent comme un véritable martyr.

— Je ne puis pas, Monsieur le Curé, me répondit-il, rompre avec mes habitudes pour suivre un régime qui me conduirait au tombeau.

—Dites à la vie et à la santé.—Mais avec des gens à idées fixes, il n'y a rien à gagner. Il faut les applaudir, abonder dans leur sens et chercher un autre moyen pour lequel ils aient moins de répugnance.

Eh bien ! mon ami, puisque vous pensez que c'est au-dessus de vos forces de rompre avec vos habitudes culinaires, je m'en vais vous prescrire, sans toucher à vos habitudes, un traitement bien simple, qui, bien suivi de votre part, vous rendra à la vie et à la santé. Voici ce qu'il faut faire :

Vous mettrez dans un litre d'eau bouillante 40 grammes de feuilles de frêne sèches ou vertes, peu importe ; vous les ferez infuser pendant 40 à 50 minutes, le vase dans lequel elles seront étant bien couvert.

La dose que vous prendrez chaque jour est celle-ci : un verre le matin étant encore au lit et à jeûn ; un verre deux heures avant le second repas, et un verre en vous couchant, ayant soin de souper deux heures auparavant. Vous devrez faire ce traitement tous les jours et ne cesser que quinze jours après la disparition complète des symptômes précités.

Il faudra de plus faire un onguent composé d'une demi-livre de miel et autant de jus de genêt, fleur des champs qui est jaune. Vous ferez bouillir le tout ensemble.

Vous mettrez votre onguent dans un petit pot que vous couvrirez bien et vous vous en ferez frotter deux fois par jour avec un petit linge les parties affectées du mal.

L'application bien faite de cet onguent aidera beaucoup à l'infusion pour hâter la guérison. Je ferai observer en passant que cette infusion de feuilles de frêne est excellente contre le rhumatisme.

Mon malade se soumit enfin, quoi qu'il lui en coûtât, au traitement que je lui avais prescrit.

Quinze jours après il fut délivré de sa goutte, et depuis cette époque il va bien. Il a encore ressenti quelques petites atteintes ; mais il a suffi pour les faire disparaître de prendre pendant quelque temps des infusions de frêne.

On peut voir à la fin de la page 59 le remède de M. l'abbé Bieau : Ce spécifique, dit-il, est le meilleur de tous ceux que l'on connaît pour combattre la goutte.

Remèdes contre la Dyssenterie.

Cette maladie se connaît à un flux sanguinolent, accompagné de douleurs et de tranchées. Ceux qui en sont attaqués jettent aussi quelquefois du pus et de la sanie, et quelquefois des mucosités blanchâtres en forme de peau. Il y a une dyssenterie bénigne, qui n'est point contagieuse ordinairement, et dont les suites n'ont pas d'accidents fâcheux ; mais la maligne est très à redouter, parce qu'elle est suivie d'une fièvre pestilentielle.

Cette dernière se communique et dévaste souvent des villes et des provinces entières. Elle est très-commune dans l'armée, à cause des eaux et des mauvais aliments.

La cause de la dyssenterie est une bile ou quelques autres humeurs âcres et corrosives qui lacèrent les vaisseaux des intestins, et qui en picotant les membranes les ulcèrent.

On a beaucoup vanté la décoction de pilo-selle prise dans cette maladie ; j'en ai fait l'essai et je puis dire qu'on a prôné ce remède outre mesure.

Voici ce qui m'a le mieux résussi : Un pauvre enfant de 15 ans à 16 ans avait une dyssenterie qu'aucun remède n'avait pu arrêter. Je lui fis observer autant que possible la diète ; je ne connaissais pas encore le bon remède dont je parlerai plus tard ; or, comme un militaire m'avait assuré que le moyen le plus simple pour se débarrasser de la dyssenterie était de faire une bouillie avec du gros vin et de la farine de riz comme on ferait une bouillie avec du lait, je voulus essayer ce remède, qui fait de la manière suivante eut un plein succès. Je ne lui fis prendre d'autre nourriture que cette bouillie trois fois par jour.

Pour boisson je lui fis prendre des infusions de roses de Provins. Au bout de quelques jours la dyssenterie ayant considérablement diminué, je finis de la lui enlever en lui faisant prendre trois ou quatre demi-lavements faits d'eau de riz très-concentrée.

Depuis cette époque, qui date déjà de loin, un de mes amis, qui avait émigré en 93 pour se soustraire à la fureur de ces cannibales qui nous gouvernaient alors, et qui était allé demander un asile en Espagne, me dit avoir reçu d'un médecin de ce royaume, une recette contre la dyssenterie. Après me l'être fait communiquer, j'en fis l'expérience qui me réussit à merveille.

Depuis ce moment, c'est le seul remède que j'emploie pour cette maladie, en le combinant avec l'emploi de la bouillie de vin. Voici comment je fais :

Je dis au malade de ne prendre pendant trois ou quatre jours pour toute nourriture que de la bouillie faite avec du gros vin et de la farine de riz ; après ces quelques jours, je lui dis de se mettre un peu à la diète et je lui fais faire le remède suivant qui est presque toujours couronné d'un plein succès.

Ce fameux remède, qui est pour la dyssenterie, au rapport du docteur espagnol, ce que la quinine est pour les fièvres intermittentes, se fait ainsi :

On fait bouillir un bon verre de riz dans deux litres d'eau ou deux litres et demi. On tire cette eau au clair et on sucre bien. Quand elle est refroidie, on prend les blancs de douze œufs frais que l'on sépare bien de leurs jaunes ; on les bat comme pour faire de la neige, puis on les mêle bien avec cette eau de riz, et on en prend un petit verre toutes les heures pendant le jour, jusqu'à ce que la dyssenterie soit entièrement passée. Si ce remède n'opérait pas assez vite, on pourrait prendre pour aider trois demi-lavements par jour faits avec de l'eau de riz, dans laquelle on battrait deux ou trois blancs d'œufs pour chaque demi-lavement. Si ce remède ne réussit pas, il n'y a guère à espérer de pouvoir arrêter la dyssenterie.

Si, pour une cause quelconque, la dyssenterie ne cède point aux remèdes que je viens de recommander, ou qu'elle se change en un flux de sang qui cause toujours les plus graves désordres, quand on a le bonheur d'échapper à la mort, il faut avoir recours aux remèdes suivants, qui produisent presque toujours de merveilleux effets dans ces funestes maladies, qui causent tant de ravages.

1° On prend deux fois par jour, soir et matin, une tasse de décoction de piloselle ou de renouée, dans laquelle on délaye gros comme deux grosses noisettes d'ocre jaune réduit en poudre très-fine.

Quoiqu'assez communes, si l'on ne peut se procurer les plantes que je viens d'indiquer, on peut mettre l'ocre prescrit dans un simple bouillon que l'on prend après l'avoir un peu battu, pour que l'ocre se trouve bien mêlé. Ce dernier mode d'administration a peut-être un peu moins d'effet que le premier.

2° On prend une bonne once de rhubarbe, une once de séné, et une once de roses de Provins sèches, le tout bien pulvérisé et passé au tamis de soie; on l'incorpore dans une quantité suffisante de sirop de coings pour en faire un opiat dont on confectionne des pilules de la grosseur chacune d'une fève ou d'un gros pois.

Le malade, étant à jeun, prend trois de ces pilules le premier jour; le lendemain, étant encore à jeun, il en prend deux. Le troisième jour il en prend une, et cette dernière opère d'une manière immanquable la guérison.

Il est à observer que ce remède n'oblige à aucun régime; il suffit seulement de ne point boire de vin ni manger de crudités. Si l'on est altéré, on peut boire à discrétion de l'eau de riz ou de poulet. Les bouillons aux herbes dans la journée conviennent à cette maladie. On peut prendre aussi des bouillons au lait.

La personne charitable qui m'a fait part de

ce remède, dans un but d'humanité, m'a certifié en avoir fait une longue expérience et l'avoir vu toujours parfaitement réussir. Un homme, me disait-elle, qui avait un flux de sang qu'aucun remède n'avait pu faire cesser, en fut complètement débarrassé par ce moyen et parfaitement guéri.

Ainsi quand la maladie résiste aux simples remèdes que j'ai indiqués, on peut avoir recours avec confiance à celui-ci.

Je ferai observer, en terminant, que la dyssenterie et le flux de sang sont épidémiques et même contagieux; par conséquent, quand cette maladie règne dans une contrée, il y a donc des soins à prendre si l'on ne veut pas être atteint. Il faut tenir les appartements bien propres et bien aérés, ne point manger de fruits ni de crudités, ne point faire d'excès et faire usage de mets sains et rafraîchissants.

Nous ajoutons à cette nouvelle édition un remède extrêmement simple, dont faisait usage avec assez de succès l'ancien curé du Breuil, dans les dyssenterie: Il faut faire calciner de vieux souliers et les réduire en poudre. La dose à prendre de cette poudre, dans un petit bouillon point salé, est pour homme de cinq grammes, pour une femme la moitié, et pour un enfant le quart seulement.

Remèdes contre l'Hydropisie.

Je me trouvais à Marseille en 1817, dans une réunion, où la conversation roulait sur les succès surprenants que produisent parfois de simples remèdes, quand un des assistants me dit: Monsieur le Curé, peu s'en est fallu, il y a deux ans, que j'allasse voir comment les choses se passent dans l'autre monde. Assurément je n'y aurais pas trouvé toutes les misères et tous les mécomptes de celui-ci, car tout rentre dans l'ordre là-haut : la vertu est à sa place et le vice aussi.

— Je fis une maladie, telle que toutes les personnes qui connaissaient mon état regardèrent ma guérison comme un miracle. J'étais hydropique dans toute la force du terme ; j'étais d'une grosseur énorme.

— A quoi avez-vous eu recours, Monsieur, pour vous tirer d'une maladie qui pardonne rarement à ses hôtes?

— Voici, Monsieur le Curé, par quel remède je fus guéri, après avoir fait tous les remèdes connus contre l'hydropisie.

Ce remède simple et efficace fut indiqué à ma femme par un bon médecin.

« Vous envelopperez, dit-il, votre mari depuis le bas des cuisses jusqu'aux aisselles, avec des écheveaux de fil écru que vous aurez trempés dans une lessive préparée exprès, et dont je vous donnerai la recette. »

Après avoir égoutté le fil tordu parfaitement, on me fit cette application le plus chaudement possible.

J'étais au lit pour cette opération; on mit des tuiles chaudes sur le lit, et on me couvrit bien avec deux couvertures de laine pour amener une forte transpiration. Je fis ce remède deux fois; la transpiration fut tellement abondante la seconde fois, que je me trouvai presque guéri.

Huit jours après l'enflure hydropique avait complètement disparu et je ne me sentais plus de mal.

Voici comment se prépare cette lessive salutaire : On fait brûler dans un endroit nettoyé des branches de genevrier, de vigne et de bouleau en parties égales pour faire deux assiettées de cendre que l'on tamise et que l'on fait bouillir dans une grande marmite pleine d'eau, pendant 20 à 30 minutes. C'est dans cette lessive ainsi préparée que doit être trempé le fil comme nous avons dit plus haut. Pour activer davantage ce remède et le rendre pour ainsi dire immanquable, on met infuser 100 grammes de ces cendres pendant un jour et une nuit dans un demi-litre de vin blanc, et puis on en prend quatre ou cinq fois par jour un quart de verre à la fois.

Voici un autre remède plus simple contre l'hydropisie. Je le tiens d'un de mes confrères. Il lui a parfaitement réussi sur une femme abandonnée des médecins.

Cette malheureuse gardait le lit depuis six semaines. L'enflure était parvenue à son dernier degré ; elle avait été administrée, et tout le monde n'attendait plus que le moment où elle allait rendre le dernier soupir.

Ce confrère ordonna aux gens de la maison de prendre des racines de sureau, d'en enlever l'écorce, de la broyer fortement et d'en extraire ensuite le jus. La dose qu'il fit prendre de ce jus fut une cuillerée à café de quatre heures en quatre heures.

Les deux premières cuillerées eurent complètement leur effet. Trois jours après la malade était sur pied, n'ayant plus d'enflure et pansant elle-même sa volaille.

Cette guérison est un fait certain et avéré, et malgré cela, je ne sais à quoi cela tient, ce même remède reste presque sans effet pour plusieurs personnes hydropiques. Il faut probablement que cela vienne de la constitution des personnes ou de l'espèce d'hydropisie qu'elles ont.

Voici maintenant deux mots sur cette maladie :

L'hydropisie n'est autre chose qu'un amas d'eau qui se forme dans quelqu'une des cavités du corps. Cette maladie prend différents noms, selon le siége qu'elle occupe dans le corps humain ; on l'appelle *hydrothorax*, si elle occupe la poitrine ; *ascite*, si elle occupe le bas-ventre ; *anasarque*, si elle occupe tout le corps.

Le signe le plus caractéristique de cette maladie est l'enflure causée par des eaux ou des vents mêlés à la maladie.

On donne pour cause de cette affection les prédispositions, les obstructions et la constitution faible et aqueuse du sang. L'hydropisie, quoique très-dangereuse, n'est pas toujours mortelle, comme on le voit par de nombreux exemples chez des personnes jeunes ; mais chez les vieillard on peut dire qu'elle est presque toujours incurable.

Voici un autre remède contre cette maladie ; on le dit excellent.

On met dans un litre d'eau-de-vie 300 grammes de sucre candi, 45 grammes de lis de Florence, autant de bois de jalap, le tout écrasé finement. On met le tout dans un pot de terre vernissée en dedans; on le lute bien avec son couvercle, puis on le met tout près du feu pour le faire infuser pendant 24 heures à une chaleur pas plus élevée que celle du lait tiède. On coule ensuite, et le malade en prend un demi-verre le matin à jeûn et autant le soir en se couchant.

On a soin de mettre deux jours d'intervalle avant de continuer cette boisson. Il faut observer pendant ce traitement une diète sévère. Comme ce remède est, je crois, violent, il faut en user avec précaution, surtout si on a un tempérament faible.

Etant parvenu à nous procurer le fameux remède de l'ancien curé du Breuil contre l'hydropisie, remède qui lui avait acquis une réputation colossale en fait de médecine, nous l'ajoutons avec plaisir à cette nouvelle édition, dans l'espérance qu'il rendra quelques services à ceux qui la possèderont. Nous ferons observer que ce traitement, employé avec le plus grand avantage contre la jaunisse et les pâles couleurs, ne convient qu'à l'hydropisie simple, c'est-à-dire à celle qui provient d'un épanchement d'eau dans le tissu cellulaire, et non contre l'hydropisie de poitrine, ou autres causées par une affection interne, ou quelques maladies. Voici la composition du remède : on met dans un pot neuf en terre, pouvant contenir deux litres d'eau, trois fortes poignées de racines de frêne, arrachées à un pied en terre ; on les râcle et coupe à petits morceaux, et on les fait bouillir dans ledit pot rempli d'eau, jusqu'à réduction de moitié. On coule ensuite cette eau et on en prend une demi-cuillerée, dans laquelle on fait fondre en délayant un demi-gros de gomme gutte que l'on verse et bat bien dans le reste de l'eau. Le malade doit boire à jeûn et chaque matin un grand verre de cette eau étant tiède. Le malade gardera le lit jusqu'à ce qu'il sentira le besoin d'aller sur le vase de nuit : il faut renouveler cette tisane tous les trois jours et la tenir bien bouchée.

Une heure après avoir pris le verre d'eau, le malade peut prendre une soupe maigre et sans bouillon faite au pain blanc. Ce remède doit être continué jusqu'à ce que l'enflure ait disparu. Le malade peut manger de la viande bouillie ou rôtie, des légumes, des œufs, du poisson, et boire du vin blanc de préférence au rouge, mais toujours mêlé à l'eau ; il doit éviter de manger des viandes salées, ragoûts, laitages, salades et fromages.

Sur la fin de la maladie, le malade se purgera avec deux onces de manne, deux gros de sel de glaubert et deux gros de séné : pour maintenir le ventre libre, il est bon de prendre quelques lavements les soirs.

Dans l'hydropisie commençante, 5 poignées de cresson de fontaine et 4 oignons blancs, bouillis dans deux pintes d'eau, jusqu'à réduction d'un tiers, sont un excellent remède contre cette maladie.

Remèdes contre les Panaris et Plaies.

Le panaris est un mal qui attaque l'extrémité des doigts ; il est déterminé ordinairement par un coup et surtout par une piqûre plus ou moins profonde. Sa douleur est aiguë, pertérébrante et atroce. C'est un mal terrible qui demande les plus grands soins, si l'on veut prévenir une plaie maligne, ou la gangrène qui parfois pourrait s'en suivre. Il ne faut donc pas négliger de faire des remèdes.

La première chose à faire, c'est de chercher le moyen de faire avorter le mal, s'il en est encore temps. Si on ne peut faire avorter le mal, il faut tâcher alors d'en accélérer la guérison.

Dans le début du panaris on fait tremper la main malade une bonne demi-heure aussi chaud que l'on peut, dans une forte décoction de têtes de pavots ; après cela on recouvre le doigt malade d'une pommade faite avec un jaune d'œuf bien battu avec une pincée de sel de cuisine. On laisse ce cataplasme 12 heures et on le remplace ensuite par un autre composé ainsi : un quart d'huile d'olive, deux cuillerées d'eau de chaux et deux blancs d'œuf séparés de leurs jaunes. On mêle le tout ensemble et on le bat jusqu'à ce que le tout soit pris et ressemble à une pommade légèrement épaisse.

La manière de s'en servir est d'en couvrir un linge que l'on met sur le panaris, et que l'on change matin et soir jusqu'à parfaite guérison.

Pour faire l'eau de chaux, on met dans un litre d'eau un morceau de chaux vive de la grosseur d'un œuf, réduit en poudre; on bouche bien la bouteille et on peut s'en servir au besoin.

Disons maintenant quelques mots sur les plaies et les remèdes propres à leur guérison.

Il est inutile de définir la plaie ; tout le monde sait qu'elle est occasionnée par une blessure, une morsure, des chutes ou des coups. L'humeur se porte sur les parties blessées ou meurtries, et il en résulte une suppuration qu'il est difficile d'arrêter ou de faire guérir.

Voici un remède qui m'a parfaitement réussi pour des plaies invétérées qui avaient résisté à plusieurs traitements.

Un homme avait une plaie depuis fort longtemps; je lui ordonnai de faire une forte décoction mêlée de feuilles de noyer sèches ou vertes, avec de l'écorce de chêne, de s'en laver quatre ou cinq fois le jour et d'y mettre chaque fois une compresse de cette eau. Cet homme fut complètement guéri en peu de temps. On peut aussi, en faisant ce remède se servir très avantageusement de la pommade pour les panaris, où il entre de l'eau de chaux; on en met des emplâtres sur la plaie et on les change soir et matin.

Si, après avoir fait usage de cette pommade pendant huit jours, la plaie n'était pas encore guérie, il faut mettre alors sur la plaie l'onguent suivant, qui, en trois semaines le plus, quelle que soit la plaie, opère ordinairement la guérison.

Cet onguent se fait ainsi : un quart d'huile d'olive, un demi-quart de mine de plomb rouge en poudre et une demi-once de cire jaune très-pure ; on met le tout dans un pot neuf vernissé et on le fait fondre à petit feu, en ayant soin de le remuer avec une baguette de noisetier vert, jusqu'à ce que l'onguent devienne un peu noir. Soir et matin on doit mettre sur la plaie un emplâtre de cet onguent. Pendant tout ce traitement, le malade ne doit boire ni liqueurs ni vin ; il doit de plus ne pas trop fatiguer le membre ulcéré.

Il arrive parfois que certaines plaies de mauvaise nature ou trop invétérées ne cèdent point aux moyens curatifs que je viens d'indiquer. Faut-il pour cela se laisser abattre par le découragement et désespérer de sa guérison ? Nullement. Il faut alors avoir recours au traitement suivant, qui est un des plus excellents que je connaisse pour dessécher les plaies et mondifier les chairs purulentes.

Un pauvre homme, qui avait depuis longtemps un ulcère jugé incurable à une jambe, qu'on était sur le point d'amputer, fut guéri en quelques semaines seulement, par l'emploi de ce traitement.

— Comment avez-vous donc fait, mon brave homme, lui disais-je un jour, pour guérir ainsi la plaie de votre jambe ?

— J'ai fait tout bonnement, Monsieur le Curé, les remèdes que m'avait prescrits un médecin de campagne que j'avais consulté.

Pourriez-vous bien me les indiquer?

— Très volontiers, Monsieur le Curé ; ils pourront vous servir, de temps à autre, pour guérir quelques-uns de ces pauvres malades qui chaque jour vous assiégent. Voici, Monsieur le Curé, les remèdes qui m'avaient été conseillés et que j'ai employés pendant trois semaines, c'est-à-dire tout le temps qu'il a fallu pour opérer ma guérison.

J'ai lavé et nettoyé ma plaie deux fois chaque jour, le matin en me levant, et le soir avant de me coucher. Le matin je la lavais et bassinais avec une décoction chaude de véronique mâle, faite dans de l'eau et réduite de moitié par l'ébullition. A défaut de cette décoction, celle de feuilles de chêne peut servir. Le soir, je la lavais et bassinais avec une décoction de feuilles de ronces faite dans du gros vin.

Après l'une et l'autre de ces opérations, je saupoudrais fortement la plaie avec de la poudre composée ainsi en parties égales : petite mousse veloutée qui se trouve au pied des vieux saules, feuilles sèches de noyer, de chêne et de ronces, le tout réduit en poudre très-fine et bien mêlée.

Je couvrais ma plaie ainsi saupoudrée avec une quantité suffisante de feuilles vertes ou sèches de noyer; les vertes cependant valent mieux ; je bandais ma jambe ensuite et la laissais ainsi jusqu'au moment où je devais la laver et bassiner.

Pendant les huit derniers jours de traitement, chaque fois que je saupoudrais ma plaie, je mêlais aux trois ou quatre premières prises un peu de calomélas en poussière, pour donner plus de force au remède et hâter la guérison.

Voilà, Monsieur le Curé, le traitement que j'ai fait et qui m'a parfaitement réussi. —

Je ferai observer, en donnant ces remèdes, qu'ils ne sont jamais nuisibles et qu'ils ne peuvent être que souverains pour les plaies. Ils sont composés de matières extrêmement détersives et dessicatives.

Une personne nous ayant fait part tout récemment d'un remède qu'elle dit assez bon contre les plaies de quelque nature qu'elles soient, nous nous empressons de l'ajouter à la fin de cet article. On met du bitume en poudre très-fine, que l'on passe ensuite au tamis de soie et puis on recouvre de cette poudre la plaie soir et matin jusqu'à guérison; on peut mettre dans ce bitume ainsi préparé, pour lui donner plus de force, une sixième partie de calomélas en poudre, le tout bien mêlé.

Remède pour souder les chairs séparées.

Voici un remède bien simple, mais excellent, qui a réussi au-delà de toute espérance et en peu de temps pour souder complètenent, et sans laisser presque de cicatrice, les chairs séparées par quelque instrument que se soit.

J'en ai fait une heureuse expérience sur un garçon de neuf ans, qui, folâtrant avec une jeune vache, laissa entrer dans sa bouche la corne aiguë de celle-ci, qui, en la retirant lui fendit la joue sur une longueur de quatre centimètres. On m'amena à l'instant cet enfant.

Quand je vis cette blessure affreuse, j'en frissonnai. Je dis à la mère que cette blessure était grave, à cause de la gangrène qui pouvait s'y mettre: c'etait en juillet ; qu'il fallait conduire son enfant chez un bon chirurgien pour faire coudre cette blessure. Elle me supplia à moins jointes de lui indiquer quelque remède. Je lui dis que je n'en connaissais point, et qu'il n'y avait pas de temps à perdre ; telle était ma conviction.

A cinq heures du soir j'apprends qu'elle n'a

pas suivi mon conseil. Je me rendis donc auprès de cet enfant : la mère me supplia de nouveau, en versant des larmes abondantes, de guérir son enfant.

Ce fut alors, mais alors seulement, que je lui fis faire, en désespoir de cause, le remède suivant qui n'a rien laissé à désirer.

Procurez-moi un œuf, lui dis-je. Quand il fut à ma disposition, ce qui ne se fit pas attendre, je le cassai et en enlevai avec soin sans la trop déchirer, cette peau blanche inhérente à la coquille. Puis je fis bien joindre les deux morceaux de chairs séparées et j'y appliquai cette peau en ayant soin de mettre sur la blessure le côté de la peau qui touchait le blanc d'œuf. Cela fait, je mis un fort bandeau sur le mal pour que cet appareil ne se dérangeât pas.

Pendant 3 ou 4 jours, pour toute nourriture, l'enfant fut obligé de ne prendre que du lait qu'on lui donnait avec une cuiller.

Enfin, après ce petit laps de temps, ayant voulu me rendre compte de l'état de la blessure, je m'aperçus que les chairs étaient parfaitement prises : j'ôtai alors le bandeau.

J'y fis mettre d'autres peaux sans enlever les anciennes ; je remis l'appareil qu'on leva trois jours après pour ne plus rien remettre.

Il ne resta donc plus que les peaux d'œufs toutes sèches, qui tombèrent bientôt en ne laissant après elles qu'une bien légère cicatrice. Cette légère cicatrice, qui existe encore, est le résultat, qu'on y fasse bien attention, du soin que je mis à bien rejoindre les chairs.

Pour que le remède opère bien, il faut couvrir toute la blessure avec des peaux d'œufs, de quelque grandeur qu'elle soit.

Par ce simple traitement on peut guérir les blessures les plus graves.

Ce traitement a déjà été éprouvé plusieurs fois, en différentes autres circonstances, et cela toujours avec plein succès.

Remède infaillible contre les Meurtrissures et les Mutilations.

Voici ce que me racontait, en 1852, un jeune chasseur avec qui je fis connaissance dans un petit voyage.

— Vous voyez, Monsieur le Curé, cette main couverte de cicatrices; il y eut un temps où je la croyais perdue et moi avec elle,

— Il vous est donc arrivé quelque grand accident?

— Assez grand, comme vous allez en juger; cependant vous verrez qu'il a été bon à quelque chose; tant il est vrai de dire que le bon pasteur cherche sa brebis errante jusqu'à ce qu'il l'ait trouvée.

Un jour je me trouvais à la chasse, selon mes habitudes que je n'ai jamais pu perdre. Après avoir fait plusieurs tours et détours, une pièce de gibier assez importante se présente à moi. Saisir mon arme et faire feu furent pour moi l'affaire d'un instant; mais j'étais en même temps victime d'une affreuse catastrophe: mon fusil venait d'éclater et j'avais la main gauche inondée de sang et complètement déchirée dans tous les sens.

Que faire dans ce désolant état? Mon compagnon de chasse était plus mort que vif; il surmonta cependant ses premières émotions et s'empressa de donner les premiers soins à ma main mutilée, en attendant quelque chose de mieux. Comme il était expérimenté et habile, il prit de la mousse sèche qu'il trouva abondamment, la pulvérisa et en saupoudra fortement ma plaie, qu'il couvrit de feuilles de bouillon blanc et qu'il banda ensuite avec mon mouchoir. Ce simple procédé me fut d'un grand secours et très-utile pour arrêter le sang, et depuis cette époque je le considère presque comme un remède. Je me rendis à mon domicile en ce piteux état. Je fis appeler deux chirurgiens, pour examiner avec soin ma plaie et me dire ce qu'ils en pensaient.

Leur conclusion, en voyant les chairs broyées, fut qu'il fallait absolument amputer la main. Quel coup terrible fut pour moi cette décision, Monsieur le Curé ? Etre privé pour toujours d'un de ses membres et d'un membre aussi essentiel que la main, me donnait sérieusement à réfléchir.

— Messieurs, leur dis-je, avant d'en venir à une amputation qui pourrait fort bien me causer la mort, tout en me faisant horriblement souffrir, je veux savoir s'il n'y aurait pas moyen de trouver quelque remède pour conserver ma main.

— Comme vous l'entendrez, Monsieur, me fut-il répondu ; mais vous pouvez vous attendre, par suite de la gangrène qui est inévitable, à une mort certaine !

Là-dessus ces messieurs me quittèrent, en me laissant en proie aux plus vives angoisses.

— Savez-vous ce qu'il faut faire, me dit une personne qui était venue me voir ? Vous avez sans doute entendu parler d'un vieux prêtre qui fait des cures admirables et surprenantes. Eh bien ! faites-vous conduire sans retard auprès de lui ; quoique la chose soit difficile, votre position vous le permet. Ce conseil me plut ; je le goûtai comme s'il m'était venu d'un génie tutélaire ; je m'y fis conduire à l'instant, quoique la distance qui me séparait de cet auguste vieillard fût grande.

Ce bon prêtre me reçut, moi qui en étais indigne, avec une bonté et une cordialité que je n'avais jamais rencontrées nulle part. Quelle ne fut pas ma surprise ! moi qui ne connaissais pas le prêtre de près ; moi qui ne le connaissais que d'après le tableau qu'en font les libertins et les impies. On mé l'avait dépeint comme un homme égoïste, ennemi de ses semblables, ignorant, hautain, dominateur, inutile à la société, que sais-je ? et je voyais de mes propres yeux tout le contraire.

Depuis cette époque, je l'ai vu de plus près. Mes préjugés, grâce à Dieu, sont tombés, bien tombés, et je sais parfaitement à quoi m'en tenir maintenant sur les mille mensonges qu'une haine aveugle et infernale ne cesse tous les jours de forger contre lui. Il ne faut pas qu'il s'en étonne, ce modeste serviteur de Dieu et de l'humanité. Son royaume n'est pas de ce monde ; sa récompense n'est pas celle de la terre. Son divin maître, son saint modèle a été traité de la sorte ; ne faut-il pas qu'il le soit à son tour lui aussi ?

J'étais indifférent pour tout, Monsieur le Curé ; mais depuis cette époque, la conduite de ce bon vieillard à mon égard et d'autres traits que je n'avais pas assez remarqués, m'ont tellement touché, que je me suis mis à réfléchir, et avec le secours de la grâce et de l'étude, j'ai changé du tout au tout. J'étais l'ennemi du prêtre, sans savoir pourquoi ; aujourd'hui je suis son ami dévoué, et je sais comment, parce que j'ai de grandes raisons pour cela.

Pardon, Monsieur le Curé, d'avoir fait une si longue digression, qui n'a point de rapport à ma main, que vous voyez ; mais je l'ai crue indispensable et nécesssaire pour mon humiliation et pour rendre en même temps justice à votre respectable corps que l'on dénigre tous les jours et à tous propos.

Non, mille fois non, le prêtre n'est l'ennemi de personne ; au contraire, il est l'ami et le fidèle ami de tout le monde. Il guérit les âmes ; il guérit les corps quand il peut. Il serait à souhaiter, et grandement à souhaiter que tous les prêtres fussent médecins, et les pauvres malades s'en trouveraient beaucoup mieux sous tous les rapports. Il y aurait beaucoup plus de guérisons ; car Dieu se plairait à bénir des remèdes donnés en son nom, pour l'amour de lui et du prochain. D'un autre côté, les précautions et soins que le prêtre prendrait dans ses traitements seraient en raison de sa croyance et de sa conscience ; alors la vie des malades se trouverait ainsi moins exposée et soustraite, pour ainsi dire, au jeu qu'on en fait bien souvent.

Telles sont mes convictions, Monsieur le Curé, quoique je ne sois qu'un humble chasseur et un pauvre laïque ; convictions qui, à mon avis, doivent être partagées par tout homme impartial et sensé. Mais revenons à notre vénérable prêtre, pour dire comment il traita la main que l'on voulait amputer.

Ce digne ecclésiastique, après avoir examiné ma main, la lava et bassina avec une eau qu'il prit dans une bouteille. Il réunit les chairs aussi bien qu'il put. Il mit dessus de fortes compresses trempées dans la même eau, et me banda ensuite fortement la main, en me disant : Faites ceci deux fois par jour, et vous verrez, mon cher ami, que l'on ne vous coupera pas la main, et que bientôt vous serez guéri. Et c'est ce qui m'arriva effectivement en peu de temps.

Pour faire cette eau quasi miraculeuse, on

prend du blanc de zinc en pierre qui ressemble à du sel ; on le met dans une assiette que l'on met au four quand il est chaud. On le laisse 2 ou 3 heures ; puis on le réduit en poudre très-fine, que l'on ferme dans une boîte. Pour faire une bouteille de cette eau, on met de cette poudre le poids de trois grammes, et on bouche bien. On a soin d'agiter la bouteille quand on veut se servir de l'eau.

J'ai fait l'expérience de ce remède sur un jeune homme qui avait une main presque broyée. Cette eau, toute simple qu'elle est, employée comme il est dit plus haut, a opéré une guérison complète en quelques jours seulement. Ainsi donc on peut en faire usage avec la presque certitude d'obtenir la guérison de quelque meurtrissure ou mutilation que ce soit.

Remèdes contre la Surdité.

Quand on veut exiger d'une personne une chose quelconque qu'il n'est pas en son pouvoir d'exécuter, on dit en scholastique, pour la défendre et la justifier : *ad impossibile nemo*

tenetur, ce qui veut dire pour nous Français :
le plus riche du monde ne peut donner que
ce qu'il a.

Que de fois j'ai dû faire l'application de ce
principe relativement à mes remèdes ! Parce
qu'il m'arrive quelquefois d'opérer des guérisons dans certaines maladies pour lesquelles
j'ai d'excellents remèdes, les pauvres gens qui
s'adressent à moi s'imaginent que j'ai assez de
connaissance et de puissance, si je le veux,
pour guérir toutes sortes de maladies.

Leur dire : je ne connais pas votre mal, je
ne puis par conséquent vous apporter aucun
soulagement, équivaut, selon eux, à ces mots :
Je ne veux pas vous guérir. De là des mécontentements et des murmures ; de là une espèce
même d'aversion ; mais que voulez-vous ? ce
n'est pas surprenant ; ces pauvres gens ne connaissent souvent le prêtre que par des publicistes et des écrivains qui n'ont à son endroit que
des préjugés révoltants ou des haines calculées.

Mais grâce à Dieu, si à l'avenir je suis forcé,
faute de connaissances et de remèdes, de
renvoyer quelques-uns des malades qui se
présenteront à moi sans les satisfaire, du moins
ce ne sera plus quand il s'agira de la surdité.

Un homme de bien a aplani pour moi cette

difficulté ; aujourd'hui je possède quelques connaissances sur cette infirmité et des remèdes pour la traiter.

Voici les développements que m'a donnés M. B... sur cette maladie et les remèdes à employer pour la guérir quand elle n'est point incurable.

— Il y a longtemps, me dites-vous, Monsieur le Curé, que vous désireriez avoir en votre possession des remèdes pour guérir ou du moins pour combattre la surdité. Aujourd'hui je possède quelques connaissances sur cette infirmité et des remèdes pour la traiter.

— Veuillez donc, mon cher Monsieur B..., je vous en conjure, m'apprendre ce que vous connaisssez pour guérir cette infirmité.

— Avant de vous parler des remèdes, il faut, Monsieur le Curé, que je vous parle des causes de la surdité, pour qu'il vous soit plus facile ensuite d'appliquer les remèdes qui conviennent le mieux. Souvent si par les remèdes on n'a pas raison d'une maladie quelconque, c'est qu'on en ignore trop facilement la cause.

Or, voici ce qu'il faut savoir pour ce qui concerne la surdité : Que cette maladie peut provenir de quatre causes : 1° du nerf auditif ou en d'autres termes, acoustique; 2° de la légère membrane qui recouvre le canal de l'ouïe ; 3° du tympan de l'oreille qui est obstrué ; 4° de quelques corps étrangers qui se sont introduits dans l'intérieur de l'oreille.

Cela posé et convenu, on peut dire maintenant que la surdité est tantôt guérissable et tantôt incurable. Elle est incurable quand le nerf auditif est paralysé, vicié, et qu'il ne peut plus jouer le rôle pour lequel il était destiné ; quand la membrane prend plus de volume qu'à l'ordinaire, qu'elle s'épaissit ou se paralyse. Elle est guérissable ou du moins susceptible d'un état d'amélioration, quand le nerf auditif est sain et intact, quoiqu'arrêté dans ses fonctions ; quand la membrane n'est recouverte que de matières étrangères à sa substance ; quand le tympan est obstrué par des amas d'ordures formés dans l'oreille et ses cavités, quand ce sont des corps étrangers introduits ou fixés dans l'oreille, tels que sang, humeurs, pus, vers, poussière, etc.

Si l'on pouvait connaître la véritable cause de la surdité, il serait facile d'en avoir raison ; il suffirait, comme l'on dit, d'enlever la cause pour arrêter l'effet ; mais comme il est extrêmement difficile d'y arriver, pour ne pas dire impossible, voici le traitement qu'il faut faire ; s'il n'opère pas une véritable guérison, il produira du moins d'excellents effets, pourvu toutefois que la surdité ne soit pas incurable.

Comme, dans le plus grand nombre de cas, la surdité est occasionnée par un amas de pus qui se dessèche dans les oreilles et paralyse pour ainsi dire la fonction des organes chargés de transmettre les sons, il faut donner, deux fois par jour, pendant une dizaine de jours, une espèce de douche à l'oreille malade.

Pour cela on prend une chopine d'eau de mauve tiède, et on l'injecte peu à peu dans la cavité de l'oreille, au moyen d'une petite seringue qu'on introduit le plus avant possible dans cet organe.

Quand cette eau sort de l'oreille, elle entraîne avec elle une grande quantité d'ordures ramollies par elle, et qui obstruaient le conduit auditif. En prenant cette douche soir et matin pendant un quart d'heure chaque fois, on peut être sûr, si la surdité n'a point d'autre cause, que cette matière gluante engendrée et infiltrée dans l'oreille, qu'après quelques jours de ce traitement, on sera parfaitement guéri.

Comme la surdité peut provenir de quelques petits vers qui se logent dans les cavités de l'oreille, il faut y mettre, après avoir pris la douche et bien séché son oreille, un peu de coton frotté avec une gousse d'ail. C'est un remède infaillible contre les vers de l'oreille.

Si, après dix où douze jours de douches, la surdité a un peu diminué, sans être guérie, on fera le remède suivant, qui a presque toujours un plein succès :

On prend une quantité suffisante d'œufs de fourmis ; on les broie dans cinq ou six cuillerées d'huile d'olive ; on fait cuire le tout à petit feu pendant une demi-heure à peu près ; on passe ensuite ce mélange par une toile bien épaisse que l'on tord, et on met cette huile dans une petite fiole bien bouchée. Quand on veut se servir de cette huile, on en met quelques gouttes dans l'oreille malade, et on la bouche ensuite avec du coton musqué, qu'on trouve chez tous les pharmaciens.

C'est le soir, avant de se coucher, que l'on doit faire ce remède, pendant plusieurs jours, bien entendu. Ce remède est un des meilleurs que je connaisse, Monsieur le Curé ; il donne aux organes de l'ouïe la sensibilité et l'élasticité nécessaires pour remplir le rôle auquel le Créateur les a destinés.

Voilà, Monsieur le Curé, les remèdes que j'avais à vous donner pour détruire la surdité. Ces moyens ont été expérimentés nombre de fois, et on peut dire qu'ils ont presque toujours réussi. Au reste, il ne tient qu'à vous de les éprouver.

Remèdes contre le Carreau et les Vers des enfants.

Si l'on éprouve une espèce de satisfaction et de joie en guérissant et soulageant un adulte souffrant, un père et une mère malades, qui sont l'appui et le soutien d'une famille entière; on éprouve aussi un véritable bonheur et un sensible plaisir à soulager et guérir ces pauvres petites créatures souffreteuses et infirmes, qui subissent avant même de savoir ce que c'est que la vie, une partie de la peine portée par l'Eternel contre le genre humain.

Combien un père et une mère sont contents et joyeux quand on peut guérir ou du moins soulager l'enfant souffrant qu'ils craignent de perdre! Leur reconnaissance doit être dans ce cas une reconnaissance sans bornes.

Les maladies qui sont le plus à redouter pour l'enfance et qui font dans ses rangs un assez grand nombre de victimes, sont les maladies du carreau et des vers, maladies qu'il est bon de connaître avec leurs remèdes, pour pouvoir ensuite les combattre et les détruire. Je vais donc dire deux mots sur chacune d'elles en particulier, en indiquant les remèdes à employer dans l'un et l'autre cas.

Comment peut-on reconnaître le carreau, me dira-t-on ? Quelles sont ses causes ? Le carreau est une maladie qui n'attaque que les enfants et consiste en un gonflement du bas-ventre qui prend peu à peu des proportions énormes. Le teint naturel et la santé ordinaire de l'enfant s'effacent et disparaissent graduellement pour faire place à une couleur cendrée et à une pâleur livide. Si on ne combat pas cette maladie, elle dégénère ordinairement en une hydropisie du bas-ventre dont la suite peut être mortelle.

Les causes de cette maladie sont à peu près les mêmes que celles des scrofules. Un enfant affecté de cette maladie doit être mis à un régime convenable, qui consiste à ne prendre que des aliments faciles à digérer et de bonne qualité. On doit faire prendre beaucoup d'exercice à un enfant atteint de cette maladie.

Voici le traitement à faire et que l'on dit être un des plus souverains, si dans la maladie il n'y a point complication, c'est-à-dire, si l'enfant n'a d'autres maladies que le carreau :

On prend sulfate de quinine 10 centigrammes, gomme arabique en poudre 5 grammes, sirop de rhubarbe 30 grammes, bon vin vieux 30 grammes ; on mêle le tout ensemble, on le divise en huit prises égales, et l'on en donne une chaque jour à l'enfant malade, étant à jeun.

Cette dose est pour un enfant d'un an ; par conséquent elle doit être augmentée ou diminuée selon l'âge. Ce traitement doit durer trois semaines ou un mois, s'il n'y a pas guérison avant. Pendant tout ce temps-là, il faut avoir soin de mettre sur le ventre de l'enfant des cataplasmes émollients faits avec des mauves ou du son de froment. Il suffit d'en mettre quatre ou cinq fois par jour en les laissant chaque fois pendant une demi-heure, c'est-à-dire jusqu'à ce qu'ils soient un peu refroidis.

Ce dernier remède est un excellent moyen pour ramollir les durillons de la membrane des intestins et les faire résoudre assez rapidement.

Deux mots maintenant sur les ravages que causent les vers des enfants : ce sont ces animalcules qui déterminent, chez ces pauvres petits êtres, ces terribles convulsions qui, lorsque la mort ne s'en suit pas, estropient leurs victimes ou laissent chez elles des maladies incurables, telles que l'épilepsie ou l'idiotisme, etc. Il est à remarquer qu'il est très-difficile, pour ne pas dire impossible, de préciser les signes qui indiquent la présence des vers dans un individu. On ne peut prononcer affirmativement là-dessus que lorsqu'on en voit sortir par la bouche ou par le fondement. Tout autre symptôme est équivoque ou douteux. Les personnes, soit enfants ou adultes que l'on soupçonne avoir des prédispositions à favoriser la génération des vers doivent s'abstenir de faire usage d'aliments qui pourraient contribuer à la formation de ces animalcules ; ces aliments sont : le laitage, les choses sucrées, les viandes vinaigrées, le cidre, les melons, les fruits, et enfin tout ce que l'on digère difficilement.

Pour préserver des vers les enfants, il ne faut leur donner de la bouillie qu'au troisième mois, et encore faut-il qu'elle soit faite avec de la farine qu'on a fait cuire au four, après en avoir retiré le pain. Quand ils ont mangé il faut les allaiter pour faciliter la digestion.

Il faut de plus mettre de temps à autre de la rhubarbe en poudre dans leur nourriture.

Cette précaution est très-utile, non-seulement pour les préserver des vers, mais encore pour les fortifier.

Quand on soupçonne qu'un enfant a des vers, il faut lui faire prendre tous les matins, à jeûn, pendant douze ou quinze jours, un verre de lait dans lequel on fait bouillir cinq ou six gousses d'ail. Le soir, on lui fait prendre avant de manger une infusion de *semen-contra* que l'on sucre. On ajoute à ces deux moyens un emplâtre d'aloès de la grandeur de la main, que l'on met sur le nombril, après l'avoir frotté d'huile d'amandes amères.

Le remède alors devient immanquable. S'il était impossible de faire prendre des remèdes à l'intérieur comme cela n'arrive que trop souvent, alors on fait bouillir un demi-verre de vinaigre dans lequel on a mis trois ou quatre gousses d'ail écrasées ; on trempe dans ce vinaigre une pièce de linge que l'on plie en quatre, de la grandeur à peu près des deux mains, on la saupoudre avec une poussière faite de jalap, d'aloès, de gomme ammoniaque, le poids de 7 grammes chacun, c'est-à-dire 21 grammes en tout ; on l'applique ensuite assez chaud sur le ventre pour qu'il puisse s'y attacher. Il faut cependant bien prendre garde qu'il ne soit pas trop chaud pour brûler, car ce serait faire un mal pour en guérir un autre.

Un autre bon remède contre les vers des enfants est celui-ci : on fait chauffer un litre d'eau dans laquelle on fait dissoudre deux fortes poignées de sel de cuisine, et on y trempe un linge que l'on applique chaud sur le ventre de l'enfant malade. On renouvelle cette application toutes les demi-heures. Par ce simple moyen on a vu guérir des enfants qui étaient à la dernière extrémité, et que tout le monde regardait comme perdus.

Les quatre fameux remèdes d'un Religieux de St-Jean-de-Dieu.

Tel est le titre de quatre remèdes que j'ai trouvés dans les papiers laissés par un vieil officier de santé, qui avait habité l'Espagne pendant tout le temps de notre tourmente révolutionaire. Ces précieux remèdes, auxquels on attribue des prodiges pour la guérison de plusieurs maux, sont connus dans l'ancienne Ibérie sous les noms de *vin céleste, onguent divin, purgatif angélique, eau miraculeuse.*

Ces remèdes, je n'ai pas besoin de le dire, ont été appelés ainsi à cause de leurs grandes vertus. Je les ai consignés dans mon recueil sans avoir pour cela l'intention de garantir tout ce qu'on en dit. La manie de l'homme dans le bien comme dans le mal est d'exagérer toujours ; il faut donc garder un juste milieu, si l'on ne veut pas trop s'éloigner du vrai. Quoi qu'il en soit de leur vertu réelle ou exagérée, voici ce que j'ai trouvé dans ces notes, qui m'ont paru l'expression de la conviction et de la sincérité.

Pour faire le *Vin céleste*, dit notre vieil officier, on prend un litre de bon vin blanc, quatre onces de sucre et deux d'aristoloche ronde, que l'on coupe par tranches et que l'on lave après en avoir ôté l'écorce; on met le tout dans un pot de terre neuf vernissé ; on le lute de manière que la vapeur ne sorte point.

On fait bouillir le contenu du pot à petit feu pendant une heure à peu près ; on laisse refroidir ; on passe le liquide dans un linge blanc et on le met ensuite dans une bouteille que l'on bouche hermétiquement pour s'en servir au besoin. Quand ce vin a plus de huit jours, il ne faut plus le prendre intérieurement; mais on peut toujours l'employer extérieurement, en ayant soin d'ôter ce qui est moisi.

Ce vin, outre les vertus qu'il a pour agir concurremment avec *l'onguent divin*, est excellent pour guérir les enflures des membres, les douleurs de reins, de côté et autres ; pour cela il suffit de s'en frotter devant le feu et d'appliquer ensuite sur la douleur un linge plié en quatre et imbibé de ce vin.

Pour faire l'*Onguent divin* on prend : résine, cire jaune neuve, gomme de pin, ou à défaut colophane, de chacune un quart, beurre frais de mai non salé, une livre; vert-de-gris en poudre, une drachme. On fait fondre la cire dans une casserolle; quand elle est fondue, on y mêle pendant une demi-heure la résine avec une spatule de bois ; on y met ensuite la gomme de pin ou la colophane que l'on mêle pendant une heure en faisant petit feu. On retire la casserolle, on la laisse un peu refroidir et on y met le beurre et le vert-de-gris, que l'on mêle bien jusqu'a ce que l'onguent ait pris partout une légère couleur verte.

On met sur les cendres chaudes pendant quelques instants la casserolle ; on passe le liquide à travers un linge fort clair et on met l'onguent dans un petit pot de terre vernissé que l'on bouche bien.

Cet onguent est excellent pour guérir toutes sortes de plaies et de meurtrissures, les foulures, panaris, cors aux pieds, chancres, loups des jambes, teigne, dartres, furoncles et même la rage, les piqûres de serpents et scorpions; on lave chaque jour le mal avec le *vin céleste*; on y met ensuite un emplâtre de *l'onguent divin*. Si on prend trois cuillerées du vin céleste le matin et autant le soir, la guérison aura lieu promptement.

Ce vin a tant de vertus, qu'il préserve de la peste et du poison, pris intérieurement à la dose que je viens d'indiquer, laquelle dose ne doit jamais être augmentée. Si le mal est un furoncle, un charbon ou peste qui ne soient point percés, on fait une ouverture avec la lancette, puis on lave et bassine le mal avec le vin, et on met ensuite un emplâtre de l'onguent divin, qui tire en peu de temps tout le venin hors de la plaie. Cet emplâtre doit être renouvelé soir et matin ; il est excellent pour combattre la gangrène.

Pour faire le *Purgatif angélique*, on prend une chopine de vin blanc, une once de séné mondé, demi-once de serpolet, et deux drachmes d'épitim. On met le tout dans un pot vernissé que l'on bouche bien. On laisse infuser le tout à froid pendant deux jours, puis on tire au clair, et on le divise en trois prises égales, que l'on donne au malade trois matins consécutifs, deux heures avant de prendre un bouillon.

Ce purgatif est excellent pour combattre les sciatiques, les dartres, la gale; il guérit la mélancolie, le flegme, le foie, le cerveau, la rate, les poumons ; il désopile les entrailles; il aiguise la vue, l'ouïe ; il ôte la douleur de tête, le mal caduc, le trouble d'esprit, les rêveries ;

il aide enfin à la guérison des ulcères internes et externes.

Pour faire l'*Eau miraculeuse*, on met dans une bouteille un litre d'eau et 8 grains de colcothar, que l'on trouve chez tous les pharmaciens ; on bouche bien la bouteille, on la remue de temps à autre, et dix heures après on peut s'en servir. Cette eau s'emploie en compresses pour les érysipèles, contusions, brûlures, descentes de fondement et de matrice, dartres, dépôts d'humeur, entorses, foulures, enflures de jambes, mains percluses, maux de mamelles et les plaies des jambes.

Cette eau est très-digne du nom qu'elle porte, car elle a de bien grandes vertus pour guérir tous les maux que je viens d'énumérer.

Moyens pour empêcher les Ecorchures des reins dans les longues maladies.

C'est à la suite des quatre remèdes que je viens d'enregistrer que j'ai trouvé le procédé suivant, qui sentirait quelque peu le charlatanisme, s'il n'avait été maintes fois éprouvé. Voici comment s'exprime à ce propos le vieil officier de santé que j'ai déjà cité :

« C'était en 1800 ; je me trouvais dans une réunion où l'un des membres de l'assemblée nous dit :

— Messieurs, j'ai été témoin d'une chose qui m'a passablement surpris ; vous allez rire et hausser les épaules à ce récit, et me dire : c'est un remède de bonne et vieille femme que vous nous indiquez là. Pas si vite, s'il vous plaît, Messieurs, pas si vite ; il n'est pas aussi à dédaigner que vous pourriez le croire ; je l'ai trouvé consigné dans les papiers d'un médecin célèbre ; de plus j'ai pu en constater moi-même plusieurs fois les effets merveilleux. Il est vrai que je n'y ai rien compris ; mais cela n'ôte rien à la réalité de la chose. Que de circonstances où nous sommes obligés de nous rendre à l'évidence, tout en ne pouvant rien expliquer !

Ce procédé consiste tout bonnement à mettre sous le lit du malade, dans l'endroit qui se trouve perpendiculairement sous les fesses, une terrine assez large remplie d'eau fraîche que l'on doit renouveler chaque matin, pendant tout le temps de la maladie. Essayez, Messieurs, ce moyen qui vous paraît ridicule et chimérique, et vous verrez ce qu'il en est.

Ce procédé me paraît, je l'avoue, un peu bizarre ; mais comme je l'ai entendu prôner tant de fois, je l'enregistre ici. Il peut avoir toute la vertu qu'on lui attribue, malgré que nous n'y comprenions rien. Il y a tant de choses dans la nature incompréhensibles, et inexplicables, et qui pour cela n'en existent pas moins !

Remèdes contre la Phthisie pulmonaire ou maladie de poitrine.

La phthisie est une consomption qui dépend d'un ulcère ou de quelqu'autre vice du poumon, accompagné d'une fièvre lente qui amaigrit le corps, l'exténue et le consume. Ceux qui sont atteints de cette maladie ressentent des douleurs dans différentes parties de la poitrine, surtout entre les deux épaules ; ils toussent sans cracher ou bien ils crachent des matières visqueuses et entremêlées de sang ; leur voix devient rauque et quelquefois finit par s'éteindre ; ils ont la paume des mains et la plante des pieds sèches et brûlantes, les joues et les lèvres rouges, et ils maigrissent à vue d'œil.

A mesure que la maladie fait des progrès,

la respiration devient de plus en plus difficile : au moindre mouvement ils sont étouffés; la toux est des plus opiniâtres, les crachats sont blancs, visqueux, épais, et prennent une couleur de boue. A la suite des repas, les malades éprouvent des nausées et des vomissements, et la fièvre revenant tous les soirs, amène le marasme et la consomption.

Voici le traitement que doivent suivre ceux qui sont menacés de cette terrible maladie. Si ce traitement est bien observé, je n'en connais pas de plus salutaire. A deux époques de l'année, au printemps et en automne, le malade doit prendre tous les matins au lit, un demi-verre de lait chaud, aussitôt qu'on l'a trait, mêlé à un demi-verre de tisane d'orge un peu tiède et cela pendant deux mois chaque fois. Ce lait bien mêlé avec la tisane d'orge a la même vertu que le meilleur lait d'ânesse. Il est extrêmement adoucissant et pectoral. Pendant tout ce temps-là, le malade doit prendre, le soir étant au lit, une forte cuillerée à bouche de sirop d'escargots ou de limaçons.

Voici la manière de composer soi-même ce précieux sirop ; on prend deux livres de limaçons ou d'escargots, une demi-livre de sucre et un litre de lait. Après avoir bien nettoyé les limaçons ou escargots, on les fait bouillir à petit feu dans le lait, où l'on a mis une forte poignée de tussilage, dans les pays où cette plante est commune. Si l'on ne peut se procurer cette plante, on peut la supprimer; le sirop, quoiqu'alors moins efficace, produit également son effet. Quand ce mélange est complètement cuit, on le passe dans un linge, en tordant; on met la demi-livre de sucre dans ce liquide, que l'on fait bouillir à petit feu pendant vingt minutes, au bout desquelles le sirop se trouve fait. Pour rendre ce sirop beaucoup plus efficace, on peut mettre en le faisant bouillir la dernière fois 50 grammes d'iodure de potassium; il faut que le mélange soit bien fait et boucher ensuite hermétiquement les bouteilles qui renferment ce sirop.

C'est un bon et excellent remède pour la poitrine; il fait éprouver au malade, après en avoir fait usage pendant un certain temps, le plus grand bienfait. Outre l'usage de ces deux remèdes, le malade peut encore prendre pendant ce traitement les fumigations dont je vais parler. Elles sont d'autant plus souveraines qu'elles pénètrent jusqu'au centre même de la maladie, c'est-à-dire qu'elles vont atteindre les tubercules du poumon, pour les cicatriser, tandis que les autres remèdes ne sont que des palliatifs ou des adjudants.

On fait brûler sur des charbons ardents une quantité suffisante de feuilles et de racines de tussilage ou pas-d'âne bien desséchées ; le malade en reçoit la fumée par la bouche au moyen d'un entonnoir renversé ; cela trois ou quatre fois par jour, de cinq à dix minutes chaque fois. Il est bon de faire brûler de ces mêmes feuilles et racines dans l'appartement où l'on couche, s'il est petit, pour que l'air que l'on respire pendant la nuit en soit saturé. Cette fumigation est excellente pour guérir la toux sèche, la difficulté de respirer, et pour suspendre les ravages de la phthisie, en desséchant les tubercules.

Ceux qui préfèrent la vapeur du tussilage à la fumée peuvent l'employer avec le même succès. Voici comment on s'y prend : on met dans un vaisseau de terre, sans qu'il y ait d'eau, une grande quantité de tussilage fraîchement cueilli, racines et feuilles. On bouche bien le vase avec un couvercle luté de pâte ; on le met dans le four, et on le laisse le temps nécessaire qu'il faut pour que l'herbe cuise ; ensuite, ayant retiré et débouché le vaisseau, le malade en reçoit la vapeur par la bouche, au moyen d'un entonnoir ; on peut aussi, si l'on veut, faire bouillir à petit feu ce même tussilage dans un pot rempli seulement à moitié et bien luté ; quand le tout est assez cuit, on découvre et on en reçoit la vapeur comme il vient d'être dit. Pendant tout ce traitement, le malade fait usage d'eau soufrée pour sa boisson ordinaire.

Cette eau se prépare ainsi : on met un verre de bon vin dans une bouteille ou deux d'eau. On fait ensuite entrer dans cette bouteille une allumette bien soufrée et allumée. Quand la bouteille est remplie de fumée, on retire l'allumette, on bouche bien et l'on agite ensuite beaucoup la bouteille, pour que la vapeur sulfureuse s'unisse parfaitement au liquide. Cette boisson, qui ne sent nullement le soufre, est excellente contre la phthisie, et remplace admirablement bien les eaux minérales et thermales indiquées contre cette maladie, sans avoir les inconvénients de celles-ci.

Le remède suivant a guéri une religieuse atteinte de phthisie et abandonnée des médecins. Elle fit le remède pendant huit mois sans interruption. Voici en quoi consiste ce remède :

On prend trois litres d'eau, qu'on met dans un grand pot pouvant contenir cinq ou six litres ; on finit de le remplir de pulmonaire, qui croît sur l'écorce des vieux chênes ; on fait bouillir le tout jusqu'à réduction de moitié, et on le passe par un linge blanc. On y met ensuite une livre de miel blanc ou de Narbonne ; on fait bouillir un quart-d'heure, et on tire à clair.

On en prend un bon verre le matin, trois heures avant déjeûner, et un bon verre le soir, trois heures après souper. Le pot dont on se sert ne doit pas être vernissé.

Un remède qui peut encore faire assez de bien, c'est de fumer trois ou quatre fois par jour, avant le repas, des cigarettes faites avec des feuilles de tussilage, dans chacune desquelles on met en les faisant la moitié d'un dé à coudre de fleur de soufre que l'on répand également partout entre les différentes feuilles dont elles sont composées.

Une excellente personne nous disait, il y a peu de temps, qu'elle avait vu, par l'usage d'un remède extrêmement simple, guérir plusieurs personnes que tout le monde regardait comme atteintes de phthisie. Nous la priâmes de vouloir bien nous faire connaître ce remède qu'elle préconisait tant. Voici ce qu'elle nous dit : la phthisé n'est pas une maladie incurable. Si elle est bien prise à son début, on peut arrêter ses ravages et même détruire la maladie ou du moins en suspendre pour longtemps les suites fâcheuses : une personne fournit-elle quelques signes qui fassent craindre qu'elle soit poitrinaire ou qu'elle le devienne, qu'on la mette au régime suivant et les craintes se dissiperont en voyant la fraîcheur et l'embonpoint revenir.

Voici en quoi consiste ce régime: le malade ne doit faire aucun excès dans les boissons ni manger rien de trop échauffant ; il doit aussi ne pas s'exposer à éprouver de trop vives émotions, soit qu'elles viennent du plaisir ou de la douleur. Au printemps et en automne, le malade doit manger à jeûn tous les matins, pendant deux mois, deux ou trois fortes poignées de cresson de fontaine qu'il accommodera en guise de salade peu vinaigrée et salée; cinq à six minutes après avoir fait ce déjeûner de cresson, sans manger de pain, le malade prend un bon verre de lait nouvellement tiré de la vache. Ce régime suivi exactement est un des meilleurs remèdes que l'on connaisse contre la phthisie commençante ; il est même encore d'un très-grand secours quand cette maladie ne fait que d'arriver à sa deuxième période.

Remèdes contre la Jaunisse.

Cette maladie est un épanchement de bile sur toute la surface du corps, qui perd sa couleur naturelle pour prendre une teinte jaune. C'est de là que lui vient le nom qu'on lui a donné.

Il y a trois espèces de jaunisse : l'une qui est, à proprement parler, la jaunisse, et qui est occasionnée par une bile trop exaltée ou trop abondante dans la masse du sang; la seconde prend le nom de jaunisse noire, et a à peu près les mêmes causes que la première; la troisième est celle que l'on appelle jaunisse blanche ou chlorosis, qui attaque ordinairement les jeunes personnes du sexe. Dans la jaunisse proprement dite, le blanc des yeux et tout l'épiderme sont jaunes, avec des démangeaisons; dans la jaunisse noire, la couleur naturelle se conserve; elle paraît d'abord blême et ensuite plombée et basanée. Dans la jaunisse blanche le teint est pâle et livide, avec un certain cercle violet autour des yeux. La jaunisse est la messagère ordinaire de l'hydropisie.

Les personnes atteintes de la jaunisse ressentent des lassitudes dans tout le corps, des resserrements de poitrine, de la difficulté pour respirer et une faiblesse générale. Le visage devient pâle, le pouls se ralentit, l'urine devient brunâtre et épaisse. Ce liquide laisse sur le linge une couleur jaune ou de safran. A ces symptômes se joignent un sentiment de douleur ou de pesanteur vers le foie, la constipation, la couleur blanche et cendrée des déjections, une démangeaison universelle, la sécheresse de la peau, qui présente en même temps une teinte jaune, surtout dans le blanc des yeux, ce qui fait qu'on croit voir tous les objets teints de cette même couleur. Voilà à peu près les principaux signes que l'on peut donner de cette maladie. Ceux qui en sont atteints doivent suivre le traitement suivant, qui a presque toujours un plein succès : On prend pour boisson ordinaire de la tisane faite avec du capillaire ; la dose pour un litre d'eau est une bonne pincée. Il faut prendre deux ou trois fois par jour, trois heures après déjeûner et trois heures après dîner, un verre chaque fois de lait de chèvre, dans lequel on a fait bouillir de la graine de chenevis. La dose est de cinq cuillerées à bouche pour un litre de lait. On ne doit faire bouillir le chenevis que deux ou trois minutes seulement. On fait ce traitement pendant huit jours. On prend ensuite pendant deux soirs, en se couchant, une chopine de lait, dans lequel on a fait bouillir pendant un quart-d'heure ou vingt minutes les coques de quatre à cinq œufs. On passe ce liquide à travers un linge ; puis on y ajoute un jaune d'œuf bien battu.

Ce médicament, qui est d'un effet presque immanquable, doit être pris le plus chaudement possible.

Si ce remède ne réussissait pas (ce qui arrive très-rarement) ; il faudrait faire le suivant, quoi qu'il soit un peu dégoûtant, et on serait sûr de la guérison, pourvu que la maladie ne fût pas incurable. On prend pendant sept à huit matins, deux heures avant de manger, un petit verre de vin blanc, dans lequel on a mis un peu de sucre, un peu de cannelle et 5 grammes de fiente d'oison réduite en poudre très-subtile. Il faut que cette fiente soit ramassée au printemps, lorsque les oies se nourrissent d'herbes. Il faut de plus qu'on la fasse sécher au soleil et qu'on la plie ensuite dans du papier, pour ne la pas laisser évaporer.

Voilà les remèdes à employer dans la jaunisse de quelque nature qu'elle soit ; remèdes presque toujours infaillibles, quand la jaunisse n'est pas incurable.

Quand il s'agit de la chlorose, ou pâles-couleurs, voici ce qu'on doit faire : on commence le remède par une légère purgation, et on prend ensuite, pendant quinze jours ou trois semaines, les pilules suivantes, au nombre de trois ou quatre le matin et autant le soir, deux heures avant le déjeûner et deux heures après le souper. Ces pilules doivent être de la grosseur d'un petit pois rond. On les fabrique avec une pâte composée de 20 grammes d'oxide brun de fer, cinq grammes d'extrait de quina, cinq grammes d'extrait d'absinthe, cinq grammes de safran du Gâtinais, et cinq grammes de bonne cannelle réduite en poudre. On fait usage chaque jour, pendant ce temps-là, de quatre à cinq cuillerées à bouche de vin blanc dans lequel on a mis une pincée ou deux de feuilles d'absinthe. Ce remède est un des plus souverains que je connaisse pour cette maladie. Je l'ai toujours vu couronné de succès.

La malade doit prendre beaucoup d'exercice et chasser autant que possible la mélancolie, compagne inséparable de cette maladie.

Voir, pour cette maladie, le remède de l'ancien curé du Breuil, à la fin de l'article *Hydropisie*.

Remèdes souverains contre les Dartres les plus rebelles.

Les dartres sont des maladies de la peau dont il y a quatre à cinq espèces. La plus dangereuse de toutes, est celle qu'on appelle dartre vive, ou dartre rouge. On connaît cette maladie à la formation de boutons rougeâtres et farineux, qui surviennent à la peau et causent une démangeaison des plus vives et des plus douloureuses. La cause de cette maladie vient des mauvais aliments, de la malpropreté ou d'une disposition héréditaire. Elle peut être engendrée aussi par une maladie quelconque qui a vicié le sang et les humeurs.

Pour se débarrasser de ce mal, il faut donc avoir recours aux remèdes qui purifient le sang et qui purgent les humeurs, tels, par exemple, que l'usage d'une tisane de scabieuse ou de bardane coupée avec du lait, pendant un mois ou deux.

La tisane suivante est aussi d'un très-grand secours dans cette maladie. Cette tisane est une infusion de houblon bien sucrée dans laquelle on met une cuillerée à café par tasse du mélange suivant : eau distillée 500 grammes, iodure de potassium 10 grammes ; on met le tout dans une bouteille et on bouche bien. On prend deux de ces tasses de houblon par jour ; l'une 3 heures avant le premier repas et l'autre 3 heures avant le dernier. De cinq jours en cinq jours on augmente la dose d'une cuillerée à café jusqu'à ce qu'on arrive à en mettre cinq par tasse si l'estomac peut supporter cette dose. Ce remède est excellent contre les dartres et pour obtenir des bains dont nous allons bientôt parler un très-bon résultat.

Pendant tout ce temps il faut mener un régime très-doux et ne rien prendre dans ses repas d'échauffant ou d'excitant. Un malheureux souffrait depuis deux ans d'une dartre tellement affreuse, que tout le monde la prenait pour une véritable lèpre. Tous les remèdes qu'il avait employés (et ils étaient passablement nombreux), ne lui avaient apporté aucun soulagement. En 1825 il vint me trouver, en me priant de vouloir bien le guérir. Hélas ! mon ami, lui dis-je, en le regardant d'un regard de compassion, je n'ai pas le pouvoir de notre divin Maître, qui guérissait autrefois dans la Judée toutes les infirmités qui se présentaient à lui.

Cependant, si vous voulez faire des remèdes, je pourrais peut-être vous guérir. Voici ce que vous ferez, lui dis-je après lui avoir recommandé les tisanes dont je viens de parler : vous mettrez bouillir dans une marmite cinq à six litres d'eau, trois grosses poignées de mauves ou de seneçon ; d'un autre côté, pour prendre un grand bain, vous ferez chauffer de l'eau dans laquelle vous frotterez entre vos mains pendant deux ou trois minutes un gros morceau de savon commun.

Quand votre eau de mauve sera bien bouillante, vous la verserez dans une terrine où se trouvera une livre de guano du Pérou ou autres ; vous remuerez bien le tout ensemble avec un bâton, et puis vous verserez ceci dans l'eau de votre grand bain en remuant toujours avec le bâton. Vous resterez une heure dans ce bain, en ayant soin que votre corps soit dans l'eau jusqu'au menton ; quand vous sentirez que l'eau de votre bain se refroidira, vous en ferez mettre un peu de chaude.

Le nombre de bains que l'on doit prendre est de 12 à 15 si la guérison ne vient pas avant. Ces bains se prennent successivement, un chaque jour. Il faut donc être muni de 12 à 15 livres de guano. L'homme dont je viens de parler ayant fait ce remède tel que je viens de l'indiquer, se trouva parfaitement guéri au neuvième bain.

Depuis cette époque, je considère à bon droit ce remède comme le plus souverain que je connaisse pour guérir radicalement les dartres les plus rebelles.

Voici un remède excellent, qui vient de nous être donné, et que avons éprouvé nous-même avec un plein succès contre cette espèce d'affection dartreuse qui apparaît au-dessous du nez d'un bon nombre d'individus. On fait dissoudre dans un litre d'eau un morceau de chaux vive de la grosseur du poing ; on prend quatre cuillerées de cette eau et deux cuillerées d'huile de noix, que l'on bat tout ensemble jusqu'à consistance, puis on bassine la dartre plusieurs fois par jour avec un linge trempé dans ce liquide. Pendant la nuit on applique ce linge mouillé sur la dartre. Ce remède convient aussi aux brûlures ; mais alors il doit être composé en parties égales.

Remèdes contre le Mal de Dents.

Nous n'avons pas besoin de décrire le mal de dents ; ceux qui l'éprouvent le connaissent assez. Sa cause vient ordinairement de quelques humeurs âcres qui tombent sur cette partie de la bouche, ou de quelques dents cariées.

On a vanté beaucoup comme un excellent remède la poudre de chasse renfermée dans un nouet de linge et mâchée sous les dents malades. Ce moyen apaise la douleur, il est vrai, mais ne l'enlève point pour toujours, ainsi que l'ont soutenu quelques hableurs en médecine. Une pauvre femme à qui ce remède n'avait rien fait, vint me trouver, en proie aux douleurs les plus atroces ; je lui fis mettre sur l'articulation de la mâchoire, tout près de l'oreille du côté du mal, un petit emplâtre de la grandeur d'une pièce de dix sous, composé de salive et de cendre faite avec de l'écorce de frêne. On met sur cet emplâtre pendant 7 à 8 minutes un sou que l'on presse un peu avec le doigt.

Au bout de quelques instants on sent une

douleur des plus fortes et des plus vives dans la partie couverte par l'emplâtre ; mais le mal de dents disparaît comme par enchantement, et ne se fait plus ressentir de longtemps.

Quand on a une dent cariée qui est creuse, il suffit, pour la faire tomber sans douleur, d'introduire dans la dent, que l'on bouche ensuite avec de la cire, une prise ou deux de cendre faite avec des vers de terre calcinés sur une pelle rougie au feu. C'est le soir en se couchant que doit se faire ce remède.

Ces deux remèdes sont excellents ; ils ont été éprouvés nombre de fois avec un assez grand succès. Il faut dire que le premier fait souffrir pendant quelques instants une douleur semblable à celle que cause la brûlure ; mais en retour il est très-souverain.

Un de nos confrères, M. Frayssinet, curé de St-Cirgues (Tarn), qui possède notre première édition, a enlevé par ce remède un mal de dents des plus violents.

Remèdes contre la Gale.

La gale est une maladie de peau qui est des plus contagieuses et se communique facilement par la chaleur et le contact ; on la reconnaît par des pustules qui viennent entre les doigts, aux poignets, aux bras, sur les cuisses, aux jarrets, et souvent sur tout le corps, au visage excepté.

La cause de cette maladie est une lymphe âcre et salée, qui se jette sur la surface de la peau et y produit des pustules qui causent une démangeaison atroce. Un bon remède, pour se débarrasser de cette misère qui vicie grandement le sang, c'est de faire bouillir dans un verre de vin et autant d'huile d'olive, une poignée de fleur de soufre, une poignée de cendre tamisée, une cuillerée de graisse, et le jaune et la coquille d'un œuf cuit sous la cendre et bien broyé.

Quand ce mélange a bouilli suffisamment et qu'on l'a laissé refroidir, on s'en frotte le corps pendant quatre jours consécutifs ; puis on se baigne et lave tout le corps avec de l'eau dans laquelle on a mis quelques gouttes d'essence de térébenthine, pour faire disparaître l'odeur de soufre laissée par le remède, et on est guéri.

Voici un autre remède très-simple, qui m'a parfaitement réussi sur un jeune soldat qui avait une gale des plus invétérées. On prend fleur de soufre 20 grammes, sel de nitre 25 grammes, brique bien pilée sortant du four de la tuilerie, un volume égal au sel de nitre. On met le tout en poudre impalpable, et on le mêle bien avec cent grammes de graisse de cochon. On divise ensuite cette espèce d'onguent en trois parties égales, pour s'en frotter pendant sept ou huit minutes tout le corps, trois soirs de suite avant de se coucher. Au bout de dix jours on change de linge et on se trouve guéri. Ne pas s'étonner quand bien même il reparaîtrait des boutons.

Remède contre la Teigne.

Nous ajoutons, dans cette édition, ce nouvel article, parce qu'il contient un remède qu'employait contre cette maladie l'ancien Curé du

Breuil, dont nous avons déjà parlé plusieurs fois dans ce Recueil.

On a donné a cette maladie le nom de teigne, parce qu'elle a de l'analogie avec cet insecte qui ronge les étoffes; elle affecte le plus souvent les enfants qui croupissent dans la malpropreté et qui ne vivent que de farineux. On prétend que cette maladie est aussi héréditaire et même contagieuse. Les pères et mères doivent donc veiller à ce que leurs enfants ne fréquentent point des enfants atteints de ce mal.

On met dans un pot en terre qui n'a point encore servi six cuillerées de farine de froment que l'on délaye peu à peu avec deux litres de vin rouge que l'on fait cuire ensuite pour en faire une espèce de bouillie. Quand cette bouillie est faite, on y met 400 grammes de poix noire, autant de résine et une forte poignée de sel de cuisine. On fait de nouveau cuire le tout, pendant une heure environ, en remuant de temps en temps cette matière pour que ce mélange soit bien fait. Lorsque cette matière est refroidie, on l'étend de l'épaisseur d'un sou, sur du linge mi-usé, coupé en trois pièces, en forme de calotte, et on l'applique sur la tête malade, les cheveux étant coupés. 24 heures après on lève cet appareil pièce par pièce, et on recouvre la tête d'un autre, en tout semblable, qu'on a eu le soin de préparer. 24 heures après, on lève encore ce nouvel appareil, mais dans le sens opposé au premier, afin que les racines des cheveux soient plus facilement arrachées. Si la tête du malade seigne, ce qui est de bon augure, on la laisse saigner. Si la teigne affectait non-seulement la tête, mais encore d'autres parties, il ne faudrait faire le remède qu'à la tête : cela suffit pour attirer toute l'humeur et opérer la guérison. Il faut bassiner la tête avec du vin chaud, chaque fois que l'on change l'appareil : ce pansement doit être continué jusqu'à ce que la tête soit bien propre et qu'il n'y apparaisse trace de mal. Les mêmes compresses peuvent servir plusieurs fois, en les lavant seulement à l'eau froide.

Remèdes contre le Goître.

Le goître est une tumeur qui vient au cou, grande, ronde et attachée à la trachée-artère; elle est formée par une lymphe épaissie et visqueuse.

Dans certains pays, beaucoup de personnes

sont atteintes de cette grosseur de cou. Quelques-uns l'attribuent à l'eau qu'on boit, d'autres au pays qu'on habite ; d'autres enfin prétendent que c'est une infirmité héréditaire.

On n'est donc pas entièrement d'accord sur les causes de cette grosseur anormale ; mais quoi qu'il en soit, voici un remède excellent contre cette tumeur, quand son existence ne date pas de longues années. On fait brûler séparément du papier gris, de l'éponge de mer et de l'éponge de rosier. On prend une once de chacune de ces cendres, ce qui fait trois onces en tout. On les met dans un nouet de linge, et on les laisse infuser pendant 24 heures dans un litre de vin blanc, dont on prend un petit verre à jeûn tous les matins, au déclin de la lune, c'est-à-dire à son dernier quartier.

Il faut absolument se purger avant de commencer ce remède. Pendant ce traitement on met sur le goître l'emplâtre suivant, qui est d'un effet merveilleux :

On prend une dizaine de limaces rouges, une petite poignée de farine de fèves, autant de graines de lin moulues. On pétrit tout cela ensemble, puis on fait deux verres d'une lessive faite en parties égales avec des cendres d'éponges de mer, de lie de vin et de sarments de vigne. On mêle bien ces deux verres de lessive avec les limaces, et on met ce mélange au four dans un pot, pour lui faire prendre la consistance d'un onguent. Etant ainsi préparé, on le met sur un morceau de cuir ou de linge, et on l'applique sur le goître. On le laisse quinze jours ou trois semaines ; si après ce temps-là la grosseur n'a pas entièrement disparu, on applique de nouveau le remède.

Remèdes contre les Hernies.

J'ai cru devoir mettre au nombre de mes remèdes de choix une note autographe qu'eut la complaisance de me donner, en 1812, un chirurgien militaire avec lequel j'eus l'honneur de dîner et de converser très-longuement. C'était un homme d'une grande expérience et fort habile dans son art. La note qu'il eut la bonté de me remettre avait pour objet l'explication simple et claire de la cause ordinaire des hernies et les moyens que l'on peut mettre en usage pour en tenter avec le plus de succès la guérison.

— Monsieur le Curé, il me semble, dit-il, que vous avez beaucoup de goût pour la médecine et que vous devez réussir souvent dans l'application de vos remèdes.

— Quelquefois, Capitaine, mais pas toujours.

— Ce qui me porte à croire que vous devez avoir du succès, c'est qu'ordinairement les chances en médecine sont réservées à ceux qui ont une grande inclination pour cet art. Vous devez avoir fait, Monsieur le Curé, une collection de recettes.

— En effet, Capitaine, j'en possède quelques-unes qui produisent d'excellents effets; mais je suis loin d'avoir toutes celles que je désirerais.

— Eh bien! Monsieur le Curé, je puis vous faire part d'une recette qui peut, dans certains accidents, sauver la vie à de pauvres malheureux. Que de fois des individus à la fleur de l'âge, faute de petits secours et d'un remède bien simple, ont succombé à d'atroces douleurs. Je sais, Monsieur le Curé, que ne pouvant faire le chirurgien en aucune circonstance, vous le pouvez encore moins en celle-ci; mais vous pouvez donner des conseils et rendre par là de très-grands services à l'humanité souffrante. C'est donc pour vous aider à soulager le corps, vous qui avez la mission sublime de guérir l'âme, que je vais vous indiquer les moyens à prendre, sans opération aucune, pour soulager et guérir une infirmité malheureusement trop commune, qui, en médecine comme en chirurgie, porte le nom de hernie.

Je suis dans la conviction, Monsieur le Curé, que la connaissance du traitement de cette infirmité peut vous être utile pour soulager l'individu qui en est atteint et quelquefois même le guérir, quand il ne se laisse pas décourager par le temps fort long que demande le traitement.

La hernie est une descente d'intestins dans le scrotum ou les aines. Elle est occasionnée par la rupture de la paroi abdominale ou peau légère dans laquelle sont renfermés les intestins. Cette rupture est déterminée par un effort violent, un coup, une chute, un fardeau trop pesant que l'on soulève ou que l'on porte, et chez les petits enfants par des cris redoublés et trop forts que leur arrache la douleur.

Quand on est atteint de cette infirmité, Monsieur le Curé, on doit faire usage d'un bandage, pour se mettre à l'abri d'accidents désastreux.

Il y a de braves gens qui ne veulent pas entendre parler de ce moyen, sous prétexte qu'ils sont habitués aux petites indispositions que leur cause cette infirmité. Mauvaise réponse, pauvre raison !

Cette négligence, cette insouciance peuvent avoir de très-mauvais résultats ; elles peuvent faire survenir ce qu'on appelle une hernie étranglée. Alors il faut avoir recours à des opérations chirurgicales difficiles et dangereuses, qui souvent donnent la mort. L'essentiel est donc de porter un bandage, si l'on ne veut pas se lamenter et se repentir plus tard. On ne pèche jamais par trop de prudence, comme l'on dit ; ainsi il vaut mieux prévenir le mal que d'attendre qu'il soit venu pour le combattre.

Malgré cela, il peut arriver quelquefois que la descente devienne par un accident quelconque une hernie presqu'étranglée.

Voici, Monsieur le Curé, ce que vous auriez à conseiller, si vous étiez consulté : ce serait de dire de recourir promptement à un habile médecin ou chirurgien ; en attendant vous recommanderiez de faire le traitement suivant, que j'ai vu plusieurs fois couronné d'un plein succès dans la réduction des hernies.

On fait coucher le malade de manière à ce que la tête soit plus basse que les pieds, pour faciliter la rentrée des intestins dans le lieu qu'ils ont quitté. On ne doit faire aucun effort, aucune compression pour faire rentrer la hernie à sa place, surtout si elle a de la dureté, de crainte d'augmenter la douleur et de causer la gangrène à l'intestin et par suite la mort.

Le malade ainsi couché, on s'empresse de mettre sur la hernie une vessie de cochon remplie à moitié de lait chaud, je dis à moitié ou aux trois quarts, pour qu'elle ait plus de souplesse et qu'elle couvre mieux la hernie. Pendant ce temps-là on donne à boire au malade, pour venir en aide au ramollissement des intestins, un verre de vin dans lequel on a fait bouillir des semences pilées d'anis, de carvi, de fenouil et de coriandre, dix grammes de chacun. Ou encore, si l'on aime mieux, un beignet cuit à la graisse, assez large pour couvrir la hernie et appliqué dessus à un degré de chaleur supportable, produit le même effet en peu de temps.

Quand la hernie s'est ramollie, ce qui ne se fait pas attendre longtemps ordinairement, on fait rentrer par une douce compression l'intestin à sa place ordinaire, et on a le soin de mettre un bandage aussitôt.

Par ce simple moyen, Monsieur le Curé, j'ai vu réduire facilement plusieurs hernies étranglées et sauver ainsi des malheureux qui étaient voués à la mort, et cela sans le secours du chirurgien, qui, dans ces délicates et difficiles opérations, est toujours grandement à redouter.

Maintenant que je vous ai fait connaître le moyen à employer pour venir à bout de réduire une hernie, il faut bien que je vous dise, Monsieur le Curé, par quels remèdes on peut la guérir. Vous allez vous récrier comme tant d'autres : Guérir une hernie ! mais c'est une infirmité incurable !

Oui et non, Monsieur le Curé : incurable quelquefois et guérissable d'autres. Il y a des faits, et contre les faits il n'y a pas à riposter. L'évidence étant trop palpable, on vous dira : Ces guérisons sont dues à un travail de la nature. Ah ! elles sont dues à un travail de la nature ! Pourriez-vous me le démontrer, vous qui faites de la science ? Vous ne le pouvez point, n'est-ce pas ? — Eh bien ! ni moi non plus ; seulement je vous dirai : Pourquoi la nature guérit-elle celui qui fait des remèdes, et ne guérit-elle pas celui qui n'en fait point ? — A cette question, mes petits Esculapes deviennent muets, Monsieur le Curé, et nous permettent de dire : Oui, les hernies sont guérissables. Il faut de la confiance, du temps et de la persévérance ; et voilà tout. Vous comprenez, Monsieur le Curé, que pour guérir cette infirmité, il faut arriver à pouvoir retrécir la rupture, ou la coller pour ainsi dire contre les chairs où se fait le passage ; or on peut obtenir ces résultats par un usage continu et persévérant des astringents.

Voici le traitement qui est un des plus simples ; on prend tous les matins, trois heures avant le déjeûner, un grand verre de vin blanc dans lequel on a fait infuser à froid pendant 24 heures cinq gros de racine de *sceau de Salomon.* Ce vin est de toute innocuité. Par conséquent il n'y a donc rien à craindre d'en faire usage. Pour remède externe on fait bouillir, dans un litre de gros vin rouge, une grenade, quinze noix de cyprès coupées par morceaux et six ou sept pincées de roses de Provins. Quand le tout est réduit à moitié par l'ébullition, on trempe une compresse dans cette décoction, on la plie en quatre doubles et on l'applique chaudement sur la hernie, que l'on comprime ensuite par un bandage.

On renouvelle cette compresse deux fois par jour, pendant huit ou dix jours. Le dernier jour de ce traitement, on met sur le feu une demi-livre de beurre frais. Quand il est fondu on y ajoute une demi-livre de baies de genièvre moulues, que l'on fait bien cuire ; puis on y verse une demi-chopine d'eau-de-vie, le vase étant retiré du feu. On remue ensuite jusqu'à ce que le tout soit bien incorporé. Cela fait, on prend gros comme un œuf de cet onguent ;

on l'étend sur un morceau de toile, pour en faire un emplâtre que l'on applique ensuite sur la hernie; tous les huit jours on le renouvelle et on a soin de le maintenir sur le mal par un bandage solide ; il faut observer que chaque fois qu'on renouvelle les compresses ou l'emplâtre, il faut être couché. Ce traitement, Monsieur le Curé, a besoin d'être long quelquefois ; mais il a l'avantage d'être presque toujours infaillible.

J'ai connu un homme âgé de cinquante-cinq ans, affligé de cette infirmité, qui a obtenu une guérison complète, après avoir fait pendant un an environ les remèdes que je viens d'indiquer. Dans ce traitement il faut nécessairement de la persévérance et ne pas perdre courage.

Eau de Santé d'un célèbre médecin Suisse.

J'ai encore à vous faire part, Monsieur le Curé, de la composition d'une eau que l'on dit excellente pour la conservation de la santé.

Un fameux médecin de Bâle, possesseur jadis de cette précieuse recette, est mort à l'âge de cent neuf ans. C'est à l'usage de cette eau, dit-on, et à sa grande sobriété que l'on doit attribuer cette longue et vigoureuse existence, qui a dépassé de beaucoup les bornes ordinaires de la vie. D'autres personnes, qui ont fait usage de cette eau, s'en sont fort bien trouvées; quelques-unes même ne sont mortes que dans un âge fort avancé.

Faut-il attribuer à l'usage de cette eau, Monsieur le Curé, cette vieillesse prolongée? Nous ne pouvons l'assurer positivement; cependant nous pouvons dire sans imprudence : *peut-être.*

Voici, Monsieur le Curé, comment se compose cette eau extrêmement simple et pourtant d'une efficacité merveilleuse. On prend deux litres d'eau de rivière, deux fortes poignées de bonne avoine bien lavée, cinq ou six racines de chicorée sauvage ou de jardin nouvellement arrachée et appropriée. On fait bouillir le tout à petit feu pendant trois quarts d'heure, puis on y met deux grammes de cristal minéral et deux cuillerées de bon miel et on fait bouillir une demi-heure de plus. On laisse refroidir un peu, on passe ensuite cette eau à travers un linge et on la bouche bien.

Voici la manière de faire usage de cette eau :
On prend pendant vingt jours deux verres le matin, étant à jeûn, trois heures avant déjeûner, et deux autres verres trois heures après dîner ; aux individus faibles et aux enfants on n'en donne qu'un verre, au lieu de deux.

Pendant ce traitement on n'a besoin d'être astreint à aucun régime ; seulement on doit donner au début à ceux qui sont constipés ou trop replets un lavement ou une légère purgation, pour que le traitement puisse ensuite mieux opérer ses effets.

Cette eau, facile à prendre, ne cause ni tranchée ni indisposition. Elle opère les plus grands effets sans violence ni émotion.

Elle a au suprême degré la vertu de purger parfaitement les reins, de faire uriner, cracher et moucher fortement ; de décharger le cerveau, nettoyer les poumons, le foie et la rate ; de chasser du corps toute putréfaction ou malignité interne ; de calmer le mal de tête; de pousser par les urines la gravelle et même la pierre nouvellement formée, de couper les fièvres tierces et quartes les plus invétérées ; de faire cesser la colique et le mal de côté; de faire guérir la gale, la gratelle et les clous ; de faire disparaître les assoupissements, pesanteurs et lassitudes des membres ; de réveiller les sens, égayer la vue et ouvrir l'appétit; de faire reposer la nuit et de donner de l'embonpoint et une couleur naturelle à un individu souffrant.

A toutes ces grandes qualités, on peut encore joindre celles-ci : cette eau est un purgatif infaillible et très-doux, qui, au lieu d'affaiblir, comme font les autres, fortifie au contraire ; on peut faire usage de cette eau sans aucune crainte dans les plus grandes chaleurs et pendant la canicule même, où ordinairement les autres remèdes sont dangereux ; il n'y a que les grands froids qui pourraient en faire suspendre l'usage, et encore peut-on en user pourvu que l'on se tienne chaudement.

Voilà, Monsieur le Curé, un remède facile, peu dispendieux et à la portée de tout le monde, que l'on peut appeler un remède presque universel.

C'était en avril, juillet et octobre que le fameux médecin de Bâle en usait chaque année. Il paraît que ces trois époques sont les plus favorables.

Trois ou quatre personnes qui me paraissaient avoir des maladies de langueur m'ayant consulté, je leur prescrivis l'usage de cette eau merveilleuse qui, au rapport qu'elles m'en ont fait, leur fit grand bien. On peut en user dans quelque maladie que ce soit, avec toute sécurité et sans aucune crainte.

Remèdes contre le Rhume et la Toux.

Quoique ces deux hôtes inséparables, qui font leur apparition avec les frimas ne soient pas à proprement parler des maladies, mais plutôt des indispositions, j'insère ici quelques moyens pour les combattre et même les détruire quand faire se peut. La raison qui me porte à cela, c'est qu'un rhume négligé, une toux opiniâtre, peuvent engendrer des catarrhes, causer de graves désordres dans les bronches, et même attaquer les poumons; il est donc bon de ne pas laisser prendre à cette indisposition une trop grande extension.

Tout le monde sait ce que c'est que le rhume ou la toux : c'est une espèce de fluxion sur la gorge ou la trachée-artère, qui fait tousser, moucher ou cracher. Cette fluxion est causée par l'écoulement d'une eau corrosive formée par la pituite et les humeurs de la tête. Quand cette eau tombe sur les bronches, elle les enflamme et cause ces quintes violentes que nous appelons la toux.

On peut faire avorter un rhume ; mais il faut pour cela qu'on le prenne tout-à-fait à son début. Voici comment on s'y prend :

On met dans un demi-verre d'eau une pincée de sel de cuisine et six à sept gouttes d'ammoniaque liquide ; on a ainsi une espèce d'eau sédative. On prend le verre ; on y entre le nez de manière à ce que les narines puissent se baigner un peu dans l'eau, que l'on renifle fortement. Après cela on se mouche et on recommence de suite la même opération, par deux ou trois fois.

Il suffit, pour arrêter les plus forts rhumes, quand ils sont pris au début, de faire cette opération trois ou quatre fois dans la journée. En trente heures les rhumes les plus forts cèdent facilement à ce simple traitement ; mais, je le répète, il faut que le rhume ait été pris à son début.

S'il n'a pas été possible de faire avorter le rhume, il faut alors avoir recours au remède suivant, qui en deux ou trois jours a raison des rhumes les plus opiniâtres, pourvu que le traitement ne soit pas négligé. On fait bouillir dans deux litres d'eau, bois de réglisse, feuilles d'hyssope, de bétoine et tussilage, une pincée de chacune de ces plantes.

On sucre ce liquide et on en prend suffisamment chaud trois ou quatre verres par jour. C'est un remède excellent, qui ne tarde pas à produire après les premières prises un grand soulagement.

Il s'agit ensuite de faire disparaître la toux que le rhume a laissée ; pour cela le moyen le plus sûr de réussir est celui-ci : on pile trois têtes d'ail, avec une quantité suffisante de graisse de porc pour faire une espèce d'onguent. Le soir, avant de se coucher, on prend un peu de cet onguent, dont on se frotte fortement devant le feu la plante des pieds. Quand on est au lit, on s'en fait frotter un peu l'épine dorsale, ou on s'en frotte soi-même.

Ce remède réitéré trois ou quatre fois fait cesser comme par enchantement les toux les plus opiniâtres.

Ce même remède est excellent aussi pour faire disparaître l'enrouement ; pour cela il suffit d'en faire usage une fois ou deux. Depuis que je connais ce petit traitement, je l'ai toujours vu employer avec le plus grand succès.

Remède contre l'Erysipèle.

Cette maladie est une inflammation de la peau à laquelle sont sujettes les personnes d'un tempérament bilieux. C'est ordinairement au printemps ou en automne que cette maladie fait son apparition; surtout si les personnes qui y ont des prédispositions se refroidissent subitement après s'être longtemps exposées aux ardeurs du soleil. Elle peut être encore causée par la suppression des hémorroïdes ou de toute autre évacuation habituelle, ou encore par l'abus des liqueurs alcooliques et par un récent chagrin.

Au début de la maladie, le sujet qui en est atteint se plaint de lassitude dont il ne peut assigner la cause ; il bâille fréquemment et ressent quelques frissons vagues et des envies de vomir; son pouls est dur et fréquent. L'érysipèle est un léger gonflement qui survient le plus souvent au visage ; sa couleur est d'un rouge vif et luisant qui disparaît sous la pression du doigt pour reparaître à l'instant. Le malade éprouve à la partie affectée du mal une chaleur âcre et brûlante qui lui cause une vive douleur.

Rien de plus simple que le traitement de cette affection cutanée, quand elle n'est point compliquée par d'autres maladies. Faire usage pendant trois ou quatre jours de boissons délayantes, telles que petit-lait dans lequel on a fait infuser pendant une nuit une pincée de fleurs de sureau ou une décoction de serpolet, etc. suffit bien souvent pour guérir cette maladie. Dans le cas où l'on craindrait que ce petit traitement n'eût pas un plein succès, il faudrait avoir recours aux fomentations suivantes : on prend fleurs de sureau une poignée que l'on fait fait infuser dans deux litres d'eau bouillante et on s'en bassine la partie affectée trois ou quatre fois par jour ; à défaut de sureau, un peu de vin tiède coupé avec de l'eau au commencement et pur vers la fin produit le même effet.

Si l'un ou l'autre de ces deux moyens, après en avoir fait usage deux ou trois jours, n'a pas opéré la guérison, on applique alors sur l'érysipèle des compresses de linge fin trempées dans l'eau-de-vie camphrée ; à mesure qu'elles sèchent, il faut les renouveler. Ce remède est excellent. Ce traitement, qui ne se trouve pas dans notre première édition vient de nous être communiqué par un de nos amis.

Fractures, Entorses et Foulures.

Les trois recettes que nous donnons dans cet article et qui ne se trouvaient point dans notre première édition, sont d'un ancien curé de Cherier (Loire), qui possédait plusieurs bons remèdes. Elles nous ont été communiquées par une personne qui les avait éprouvées et qui nous en a assuré l'efficacité dans plusieurs cas. Comme chacun sait ce que c'est qu'une fracture, une entorse et une foulure, il est donc inutile d'en faire la description ; nous allons donc nous arrêter à indiquer ce qu'il y a faire dans chacun de ces cas. Pour les fractures, on prend deux onces de savon blanc, autant d'huile d'olive et autant d'eau-de-vie. On coupe le savon par petits morceaux, on le met dans un petit pot avec l'huile et l'eau-de-vie et on fait cuire le tout ensemble à petit feu en remuant toujours avec un petit morceau de bois. Quand le tout est cuit, on ajoute un gros de camphre en poudre, on remue encore quelques instants et puis on retire le pot du feu. Quand on veut se servir de cette espèce d'onguent, on le fait chauffer et avec un linge trempé dedans on en bassine la plaie soir et matin. Il faut de plus envelopper le mal d'une compresse imbibée de cet onguent chaque fois qu'on le bassine.

Pour les entorses, on fait un emplâtre composé de blancs d'œufs frais et de suie de cheminée passée au tamis. Voici comment on fait: on prend deux ou trois blancs d'œufs frais séparés de leur jaune; on les bat bien et on y met peu à peu la suie en battant toujours. Quand cette matière a la consistance d'onguent, on l'étend sur de l'étoupe et on l'applique sans chauffer sur l'entorse. On garde cet emplâtre ainsi appliqué trois ou quatre jours et on se trouve guéri.

Pour les foulures, on fait détremper de la poix de Bourgogne dans de l'eau-de-vie; on l'étend ensuite en la faisant chauffer sur du cuir pour en faire un emplâtre que l'on applique sur la foulure.

Remède contre les Contusions.

Une personne charitable vient de mettre à notre disposition la manière de traiter la rougeole et les contusions; nous nous empressons donc, pour donner connaissance de ces deux moyens au public, de les ajouter à notre seconde édition.

Les contusions sont des meurtrissures sans déchirement occasionnées par des chutes, par des chocs violents contre un objet résistant quelconque, ou par des coups que l'on a reçus. Un assez grand nombre de personnes s'imaginent qu'une contusion n'est rien, qu'elle peut se guérir seule avec le temps et que par conséquent il est inutile de s'en occuper ; c'est une grave erreur. Une contusion peut, selon son plus ou moins de gravité, déterminer, après un laps de temps assez long, la formation d'abcès ou d'autres maladies qui amènent nécessairement la mort. L'expérience de tous les jours est là pour le démontrer. Ainsi, il ne faut donc pas négliger le traitement d'une contusion, sous prétexte qu'elle n'est rien et guérira toute seule, sans remèdes.

Aussitôt qu'on s'est contusionné, il faut appliquer sur la partie meurtrie, si la contusion est grave, plus ou moins de sangsues, selon la grandeur du mal. Quand les sangsues sont tombées, on laisse saigner pendant quelque temps et puis on applique sur le mal un cataplasme de persil cuit dans du vin. On renouvelle ce cataplasme de six heures en six heures. Le même peut servir pourvu qu'on le fasse chauffer dans le même vin où il a cuit.

Si l'on n'a pas de sangsues, ou si la contusion n'est pas considérable, il suffit de bassiner trois fois par jour avec de l'eau-de-vie camphrée la partie contusionnée et de mettre ensuite le cataplasme de persil comme il est dit plus haut. Ce remède est excellent; en moins d'un jour ou deux on se sent presque guéri. Un jeune homme s'est guéri en deux jours, par la seule application du persil, d'une blessure extrêmement grave faite à la cuisse.

Remèdes contre la Rougeole.

La rougeole est une inflammation cutanée qui se manifeste par de petits boutons ou taches rouges qui lui ont donné ce nom. Cette maladie règne ordinairement en été, en automne et au printemps ; elle est contagieuse et se communique facilement par le contact. Son début est marqué par un mouvement de fièvre accompagné de larmoiement, de rhume de cerveau et de toux qui durent plus ou moins forts jusqu'à la fin de la maladie.

Du troisième au quatrième jour, il paraît sur tout le corps des taches rouges semblables à des morsures de puces. Elles commencent par la figure et s'étendent insensiblement à toutes les autres parties du corps, au cou d'abord, à la poitrine ensuite, au ventre et enfin aux autres membres inférieurs. Ces taches durent environ sept jours et disparaissent ensuite dans le même ordre qu'elles ont fait leur apparition, en sorte que la maladie se termine en neuf ou dix jours.

La première chose que le malade a à faire, c'est de se tenir chaudement, pour ne pas arrêter l'éruption qui se fait et qui pourrait, si on y mettait un obstacle, engendrer quelques graves maladies ou donner la mort. Il est donc bon de favoriser cette éruption par une douce chaleur et par l'usage de boissons délayantes, telles qu'une tisane de chicorée sauvage, de fleurs de sureau, ou de scorsonnère.

Voici une tisane très-salutaire aussi : on prend deux poignées d'orge commune et deux poignées de lentilles ; on fait bouillir le tout dans deux litres d'eau de fontaine; on coule, et le malade en fait sa boisson ordinaire aussitôt qu'il s'aperçoit de la maladie. Ce simple traitement et de la chaleur suffisent pour hâter la guérison et empêcher que la rougeole ne dégénère en d'autres maladies d'une plus sérieuse gravité.

La Clef du succès dans l'emploi des Remèdes de ce recueil.

Le véritable moyen pour réussir et pour

être plus sûr du succès dans l'emploi et la prescription des remèdes contenus dans mon recueil, c'est de recourir à Dieu avec confiance chaque fois que l'on entreprend un traitement. C'est lui qui est le médecin de toute la création ; c'est sa puissance infinie qui a donné aux végétaux et minéraux employés en médecine leurs différentes vertus ; c'est lui, ce souverain maître de toutes choses, devant qui l'univers n'est rien, qui augmente ou diminue la vertu des remèdes comme il lui plaît.

Nous devons donc le prier et lui demander son secours chaque fois que nous faisons ou prescrivons des remèdes.

Nous serons d'autant plus sûrs d'être exaucés que nous agirons uniquement pour la gloire de Dieu et pour le bien du prochain.

Ayons recours aussi à la très-sainte Vierge, qui est, de toutes les créatures qui existent et qui existeront jamais, la plus pure, la plus sainte, la plus puissante et la plus élevée qu'il y ait dans le ciel.

Adressons-lui avec foi et amour des neuvaines de prières jointes à quelques messes célébrées en son honneur, et nous verrons alors nos remèdes produire plus d'effets.

N'oublions pas que l'Eglise infaillible donne le nom de *santé des malades* à Marie ; *Salus infirmorum*.

Si l'on nous répond que ces paroles ne doivent s'entendre que de la santé de l'âme; nous dirons à nos honorables contradicteurs, ne leur en déplaise, qu'elles doivent aussi s'entendre de la santé du corps ; des milliers de faits irrécusables en fournissent la preuve.

Après avoir classé et mis en ordre autant que nous avons pu les traitements et remèdes trouvés dans les papiers de ce vénérable Curé de campagne, nous avons pensé que ce serait être agréable au lecteur de mettre à leur suite, diverses autres recettes qu'il avait également laissées en notes. En conséquence, nous avons fait un choix que nous plaçons ici, en laissant toutefois à ces recettes les récits accessoires qu'y avait ajoutés ce vénérable prêtre.

RECETTES ET PROCÉDÉS.

Recettes diverses pour faire des Liqueurs superfines et des Vins de dessert.

En jetant les yeux sur ce dernier titre, chers lecteurs, quelqu'un d'entre vous sera peut-être tenté de croire que c'est pour rendre plus fréquent le luxe de la table que j'ai donné ici ces recettes; pour me disculper de cette accusation, qui porterait à faux, je renvoie le lecteur à ce que j'ai dit de l'hygiène à suivre pour se préserver de l'apoplexie; et je le répète ici bien haut, pour que personne ne l'ignore, non-seulement de l'apoplexie, mais encore des trois quarts des maladies qui nous assiégent et dévorent le genre humain dans tous les coins du monde.

Ainsi mon but, mon unique but dans ces recettes que je porte à la connaissance du public, si toutefois il se trouve quelqu'un pour lès lui communiquer, est de ménager la bourse et la santé de mes lecteurs. Je dis la bourse, parce que nous aurons pour 50 centimes ce que l'on nous fait payer 2 francs ; je dis la santé, parce que dans le vin que nous fabriquerons nous-mêmes, nous aurons bien soin surtout de ne rien faire entrer qui puisse nuire à celle-ci.

On se rappellera surtout que les liqueurs et les vins fins ne se boivent que dans les petits verres, et les jours de grandes solennités seulement ; ce qui veut dire, en d'autres termes, d'en faire un usage rare, sobre et modéré ; autrement ce serait abréger sa vie, ce serait faire fi ! de sa santé et perdre sans profit plusieurs années de son existence par la mort ou du moins par des souffrances sans nombre.

Avant, chers lecteurs, de vous faire connaître mes recettes, je les ai fait connaître à d'autres personnes qui en ont été ébahies.

Voici comment la chose eut lieu :

Un beau jour je reçus une visite aimable, gracieuse, intéressante, mais qui n'en finissait pas ; cependant, à mon grand contentement, elle se termina ainsi :

— Il faut bien que je vous dise maintenant, Monsieur le Curé, le but principal de ma visite : Voilà déjà six mois que je suis ici, et ma crémaillière n'est pas encore plantée ; c'est jeudi prochain, cinq mai, que je voudrais qu'ait lieu cette petite cérémonie. Ce serait pour moi une bien grande joie et un sensible plaisir, si vous vouliez bien me promettre d'être de mes convives. Je sais bien que vous aimez beaucoup la solitude et que vous n'êtes pas amateur des grandes réunions ; mais que cela ne vous inquiète pas, nous serons tout-à-fait en petit comité ; je pense avoir deux de mes collègues voisins, deux de vos confrères ; voilà tout.

— Vous êtes bien bon, Monsieur Ariste (c'est le nom du maître d'école arrivé depuis six mois dans ma paroisse). Quoique la chose que vous me demandez ne soit pas dans mes habitudes, je ne puis cependant me refuser à votre cordiale invitation. J'accepte donc avec reconnaissance, et je ferai en sorte de me trouver au rendez-vous, jeudi prochain. —

Là-dessus, M. Ariste me réitère ses politesses, me tire un grand coup de chapeau et se retire tout joyeux.

Voyez qu'il faut peu de chose pour contenter un homme !

M. Ariste commence à penser aux provisions; il va donc à la ferme, demander à la ménagère de la maison une dindonne grasse ; chemin faisant, il rencontre le plus habile braconnier de la contrée, qui lui promet, si MM. les gendarmes et gardes-champêtres ont la goutte pour quelques jours, de prendre des perdrix et un bon lièvre, s'il peut.

M. Ariste est enchanté de sa petite tournée. Le lendemain, il s'endimanche et va au canton avec le cabas et le panier des provisions. Il rend une visite au boucher, une au charcutier, une à l'épicier, une au pâtissier et voire même au liquoriste. Il ne fait pas bon tomber chez ces messieurs quand la bourse est vide ; mais il n'y a que quelques jours que M. Ariste a touché son trimestre.

Voyez aussi comme il est de la part de tous ces messieurs le bienvenu. Pauvre Ariste, tu te rappelleras longtemps la plantation de ta crémaillère !

Si tu m'avais consulté avant d'entrer chez le liquoriste, je t'aurais crié de toute la force de mes poumons : Arrière : on n'entre pas ici; la maison menace ruine ! M. Ariste m'aurait répondu apparemment : Mais il me faut des liqueurs et quelques bouteilles de bon vin.

Quand on invite ses amis, il faut les bien recevoir, ou se dispenser de les inviter.

Ce foudroyant jeudi, qui avait donné une diarrhée de huit jours à la bourse de notre pauvre maître-d'école, était arrivé ; Madame Ariste (ce Monsieur était marié) est en grands frais de cuisine ; les casserolles se battent sur son petit potager ; le devant de son foyer est encombré de daubières et de pots. Mon Dieu, qu'avons-nous donc fait pour être traités de la sorte ? il y a de quoi en avoir trente-six indigestions.

O beau temps de nos ancêtres ! où l'homme ne mangeait que pour vivre, et ne vivait pas pour manger, qu'êtes-vous devenu ?

Au dîner, les mets tombaient sur la table comme des avalanches. Sur la fin les bouteilles goudronnées du liquoriste la couvraient.

— Madame Ariste, permettez-moi de vous dire que vous avez fait deux fautes.

— Lesquelles, Monsieur le Curé ?

— L'une, d'avoir fait trop de plats ; l'autre, d'avoir trop dépensé d'argent pour des liqueurs et des vins que vous auriez pu composer vous-même à peu de frais, si vous m'aviez consulté, et qui n'auraient pas eu l'inconvénient d'être nuisibles à la santé comme toutes ces bouteilles cachetées en rouge, en jaune, en bleu et en vert. Vous auriez du moins écarté les substances douteuses que le commerce, pour faire de plus gros bénéfices, y fait presque toujours entrer.

— J'ai cependant mis trente francs, Monsieur le Curé, pour achat de mes liqueurs et vins.

— Je le sais, Monsieur Ariste, je le sais. Eh bien ! avec dix francs, vous auriez fait des liqueurs et des vins aussi flatteurs à la dégustation que tout ceci, et pas aussi nuisibles à la bourse et à la santé.

— De grâce, Monsieur le Curé (tous les convives d'une seule voix), de grâce, veuillez donc nous donner vos précieuses recettes.

— Les voici, Messieurs, telles qu'elles m'ont été enseignées ; quoique je fasse un usage assez rare des liqueurs et des vins fins, je les ai expérimentées plus d'une fois et j'en ai été toujours très-satisfait ; j'espère qu'il en sera de même pour vous dans la suite.

1° Anisette de Bordeaux.

C'est une liqueur blanche très-transparente, très-huileuse, qui a un goût d'anis très-prononcé, ce qui lui a valu son nom. Sa douceur est si suave, si délicieuse, qu'on est tenté en la buvant de la comparer au nectar des dieux, tant vanté par la fable.

Quels progrès n'a pas faits l'homme dans l'art de flatter agréablement son grosier !

Quoi qu'il en soit, voici de quelle manière se compose cette liqueur, qui le dispute en bonté aux liqueurs même de l'Olympe.

Première formule. — On prend 250 grammes d'anis vert, 50 grammes de coriandre, 26 grammes de cannelle de Ceylan; on les met infuser pendant huit jours dans 500 grammes d'esprit-de-vin, en ayant soin de bien boucher la bouteille, que l'on met au soleil ou dans un endroit chaud, mais jamais à côté du feu.

Au bout des huit jours, on fait bouillir dans une casserole en terre vernissée, qui est destinée seulement à faire des crêmes et des gelées, un litre d'eau dans laquelle on jette une bonne livre de sucre, quand elle bout. Une minute après on tire la casserole du feu, on laisse refroidir, puis on passe l'eau à travers un linge de laine très épais.

On met cette eau daus un endroit frais ; on tire au clair son esprit de vin ; on le passe par le linge de laine et on le met ensuite dans une bouteille propre que l'on finit de remplir d'esprit de vin. On passe ensuite un litre d'eau commune par le linge de laine ; on la met dans la bouteille où on avait fait infuser l'esprit de vin, et on laisse cette eau bien bouchée sur les ingrédients qu'on avait mis dans l'esprit de vin, afin que cette eau puisse ramasser ce qui reste encore de l'odeur de ces ingrédients et de la force de l'esprit de vin.

Pour toutes les liqueurs où l'on fait infuser quelque chose, on use de ce dernier moyen, pour ne rien laisser perdre. Quatre à cinq jours après avoir mis cette eau, on la tire au clair; on la passe par un linge de laine; on la mêle avec le litre d'eau sucrée, le litre d'esprit de vin ; puis on met en bouteille. L'anisette se fait ainsi. Le litre revient à peu près à 25 sous; et l'anisette est délicieuse et on n'a pas à craindre qu'elle soit nuisible à la santé.

Vous observerez, Messieurs, que si vous voulez que vos liqueurs soient bonnes, il faut que l'esprit de vin qui en fait la base soit bon aussi. Il faut donc demander du véritable esprit de vin du Midi. Son goût et sa bonne odeur seule vous le feront connaître. Pour le goûter il faut le mêler à son double d'eau.

Ce que je dis là s'applique à toutes les liqueurs; car si vous employez l'alcool de betteraves, si répandu aujourd'hui, vous ne pouvez faire qu'une misérable liqueur.

Quand on achète de l'alcool ou esprit de vin,

il faut donc toujours s'adresser à de bonnes maisons et dans les grandes villes surtout, parce que dans la campagne il n'y a que de la dernière qualité.

Seconde formule. — On verse dans un litre d'esprit de vin 20 gouttes d'essence d'anis, que l'on trouve chez les pharmaciens, et 15 gouttes d'essence de marasquin ; puis l'on verse le litre d'alcool ainsi préparé dans deux litres d'eau où l'on a fait dissoudre une livre de sucre, de la même manière que nous venons de dire ; on mêle bien le tout et on met en bouteille.

Cette formule est moins compliquée que la précédente, comme on le voit, et malgré cela la liqueur faite de cette manière est meilleure que l'autre pour certaines personnes.

Je n'ai pas besoin de dire que l'on peut sucrer plus ou moins, selon le goût de chacun.

Vous voyez, Messieurs, que l'anisette n'est pas difficile à faire. Les personnes qui ne veulent pas se servir d'alcool ou esprit de vin pour faire des liqueurs peuvent se servir d'eau-de-vie. Seulement il faut se rappeler que l'esprit de vin a deux fois plus de force que la plus forte eau-de-vie. Par conséquent, il faut tenir compte de cette différence pour bien observer les proportions.

2° Eau de Noyaux.

Cette liqueur est blanche comme de l'eau, et on est convenu de ne point lui donner de couleur. Elle a un goût doux-amer qui plaît beaucoup à certaines personnes. Pour faire cette liqueur, on verse dans un litre d'esprit-de-vin deux grammes d'essence de noyaux, que l'on trouve chez les pharmaciens. On mêle ensuite l'esprit-de-vin avec un litre et demi d'eau sucrée préparée comme pour l'anisette. Puis on met en bouteille.

On peut aussi, si l'on veut, préparer cette liqueur de la manière suivante :

On prend 85 grammes de noyaux d'abricots et de prunes; on les casse par petits morceaux ; on les met dans une bouteille que l'on finit de remplir d'esprit-de-vin ou d'eau-de-vie blanche. On met un peu de cannelle et une petite pincée de coriandre, et on laisse infuser le tout pendant 8 jours. Ce temps expiré, on soutire son esprit de vin comme pour l'anisette, et on met de l'eau sur les noyaux.

On la laisse quatre à cinq jours ; puis on la mêle avec son esprit de vin, et l'on sucre.

Cette liqueur ne doit pas prendre autant d'eau que l'anisette. On la met en bouteille et on la conserve autant que l'on peut. Plus elle est vieille, meilleure elle est.

3º Huile de Rose.

Cette liqueur est des plus suaves et des plus fines que l'on connaisse. Elle a la couleur, le goût et l'odeur de rose ; elle se fabrique comme les précédentes de deux manières.

La première, c'est de verser dans un litre d'esprit de vin ou d'eau-de-vie blanche, quatre grammes d'extrait de rose, ou 20 gouttes d'essence de la même fleur ; on mêle ensuite son esprit de vin à l'eau sucrée préparée comme j'ai dit.

La quantité d'eau est d'un ou deux litres, selon qu'on veut son huile plus ou moins forte. On sucre aussi plus ou moins, selon son goût.

La seconde manière de fabriquer cette huile est un peu moins coûteuse, mais ne donne pas d'aussi bons résultats. On fait infuser dans de l'eau-de-vie ou de l'esprit-de-vin pendant huit jours, au soleil ou dans un endroit chaud, les feuilles de trois ou quatre roses cueillies le soir après le coucher du soleil ou le matin avant son lever ; on met dans cette infusion deux clous de girofle et un petit morceau de cannelle. Huit jours après on soutire au clair et on met sur les roses une chopine d'eau, qu'on laisse trois ou quatre jours et dont on se sert ensuite comme pour l'anisette.

Pour donner la couleur rose à cette liqueur, il suffit de mettre un peu de vin dans l'eau sucrée, ou bien encore de faire bouillir dans cette eau, avant d'y mettre le sucre, deux petites poignées d'épinards rouges.

4° Crème de Vanille.

S'il y a quelque chose d'excellent dans ce monde et qu'on dirait être plutôt le produit du ciel que de la terre, c'est la crème de vanille. Cette liqueur est des plus fines, des plus délicieuses et des plus suaves que l'on puisse inventer. Sa couleur est la couleur rose, qui se prépare de la même manière que pour l'huile de rose.

Voici maintenant comment on s'y prend pour faire cette liqueur : on verse dans un litre d'esprit de vin, quatre grammes d'extrait de vanille, ou bien on fait infuser pendant 8 jours 15 grammes de vanille dans un litre d'esprit de vin ; puis on mêle avec un litre ou deux d'eau de source, préparée comme j'ai dit selon que l'on veut que la crême soit forte ou faible ; cela fait, on met en bouteilles.

5° Curaçao de Hollande.

Cette liqueur est tellement répandue que tout le monde la connaît ou en a entendu parler. On l'appelle Curaçao de Hollande, quoique bien souvent elle n'ait pas fait d'autre route que de l'officine du liquoriste à la maison du consommateur. Mais que voulez-vous ? il y a sur la bouteille en grosses lettres : *Curaçao de Hollande*.

Quoi qu'il en soit, c'est une liqueur qui n'est pas mauvaise ; elle a bien son prix comme les autres. Elle sent fortement l'orange et elle en a la couleur ; c'est avec le caramel ou sucre fondu qu'on lui donne cette couleur.

Voici comment on s'y prend : on met dans une petite daubière de deux verres un petit morceau de sucre gros comme une noix ou la moitié ; on le fait fondre sans eau ; quand il a pris une jolie couleur rousse qui passe au noir, on y jette un verre d'eau. On remue et on laisse bouillir quelques instants, puis l'on verse dans la liqueur que l'on veut colorer.

Voici la recette pour faire le curaçao de Hollande : On met deux citrons ou oranges amères que l'on coupe en deux dans un pot à l'eau dans lequel on verse ensuite un litre d'esprit de vin, ou de l'eau-de-vie ; on y met 3 grammes de cannelle et autant de macis, plus 15 grammes de fernambouc moulu. On laisse le tout infuser pendant 8 jours, en ayant soin de bien couvrir le pot avec du papier pour qu'il ne s'évente pas.

Au bout de 8 jours d'infusion, on tire au clair et on mêle avec de l'eau sucrée comme j'ai dit ci-devant. On met ensuite en bouteilles.

Pour faire le curaçao ordinaire dont la couleur est tout-à-fait semblable à la couleur du précédent, on met dans un litre d'esprit de vin 4 grammes d'essence de curaçao, quatre gouttes d'essence de cannelle, et on fait bouillir pendant cinq minutes dans l'eau que l'on veut sucrer deux oranges coupées par morceaux. On passe cette eau ainsi préparée à travers un linge de laine, on la mêle ensuite avec l'esprit de vin et on met en bouteilles.

On fait ce curaçao plus ou moins fort, comme l'on veut.

6° Crême de Menthe.

La couleur de cette liqueur est blanche, claire et transparente. Son goût et son odeur sont ceux de la menthe.

Pour faire cette liqueur on met dans un litre d'esprit de vin 6 grammes d'essence de menthe, puis l'on mêle avec un litre ou deux litres d'eau sucrée préparée comme ci-devant, et ensuite on met en bouteilles.

On peut aussi faire infuser pendant 8 jours une poignée de menthe, cueillie le matin après que la rosée est passée, dans de l'esprit de vin. Au bout de 8 jours, on tire au clair, comme j'ai déjà dit, on mêle avec de l'eau sucrée et on met en bouteilles.

On peut faire de cette manière toute espèce de liqueurs avec des feuilles de plantes aromatiques quelconques ; seulement il ne faut pas que ces plantes soient trop amères : dans ce cas-là il faut avoir recours à leur essence ou extrait.

7° Elixir de Garus.

Ce fameux élixir, dont la couleur est un beau jaune clair doré, constitue un stomachique, ou cordial très-agréable au goût. Tout en ayant quelque chose des meilleurs ratafias, il se rapproche beaucoup du précieux élixir de la Grande-Chartreuse. C'est une des liqueurs les plus digestives que l'on connaisse.

Voici comment on compose cet élixir : myrrhe 12 grammes, aloès 8 grammes, safran 8 grammes, girofle 1 gramme, cannelle 2 grammes, muscade 1 gramme. On fait macérer le tout dans un demi-litre d'esprit de vin pendant 8 à 10 jours ; on filtre ensuite, comme nous avons dit, à travers un linge de laine ; on ajoute ensuite un litre d'eau dans laquelle a bouilli une poignée de capillaire et une demi-livre de sucre. On mêle le tout en y mettant trois ou quatre cuillerées d'eau de fleurs d'orangers, et puis on met en bouteilles. On peut, comme pour les autres liqueurs, faire plus ou moins fort cet élixir.

8° Ratafia de Cerises.

Quoique cette liqueur ne soit pas une liqueur superfine et qu'on la mette au rang des liqueurs domestiques, elle n'est cependant pas à dédaigner. Sa couleur est celle du vin rouge.

Pour faire ce ratafia, on prend un demi-litre d'esprit de vin et autant d'eau que l'on mêle, ou un litre de bonne eau-de-vie. On verse l'un ou l'autre sur une livre et demie de cerises que l'on a mises dans une carafe ou un pot à eau.

On laisse infuser pendant 8 jours ; on tire au clair et on met dans une bouteille que l'on bouche bien. On verse de nouveau sur les cerises un demi-litre d'eau-de-vie mêlée à une quantité égale d'eau et on laisse infuser de la même manière pendant trois jours; on tire au clair et on met dans une autre bouteille. On met encore un demi-litre d'eau sur les cerises. On laisse infuser trois jours, puis on tire au clair et on mêle le tout ensemble en ayant soin de sucrer suffisamment.

On peut faire de cette manière toutes espèces de ratafias, tels que d'abricots, de pêches, de coings, de cassis, etc.

9° Vespétro.

Cette liqueur est assez bonne et assez stomachique. Sa couleur est un jaune foncé. Pour la faire, on met dans un grand pot à eau un litre d'esprit de vin et autant d'eau, 10 grammes de graines d'angélique, 50 grammes de coriandre, 15 grammes de graines de fenouil et autant d'anis, le jus de deux citrons, avec zestes et écorces et trois quarts de sucre. On laisse le tout infuser quatre à cinq jours, en ayant soin de remuer tous les jours. Il faut bien couvrir le pot. On tire ensuite au clair et on met dans des bouteilles que l'on bouche bien.

VINS FINS.

Malaga.

Ce vin, que l'on cueille à Malaga, dans le royaume de Grenade, en Espagne, est blanc et d'un goût délicieux. Comme il est rare d'en trouver de véritable, je vous dirai comment le fabriquent avec du vin blanc ordinaire les liquoristes qui vous le vendent si cher. Les coquins, me direz-vous, faut-il qu'ils nous trompent ainsi ? Que voulez-vous ? à tort ou à raison, cela est reçu parmi eux. Au reste, il leur est impossible de vous donner du véritable malaga au prix qu'ils vous le vendent.

Ce que je dis ici du malaga doit être appliqué sans exception à tous les autres vins que l'on nous vend dans ces bouteilles bien cachetées.

Voulez-vous faire du malaga qui vienne de votre vigne? voici la manière de procéder :

On prend 14 litres de bon vin blanc, 2 kilog. de sucre en poudre, 8 grammes de cachou,

16 grammes de fleurs de carthame, le tout bien pilé, avec un kilog. de raisins secs de Malaga que l'on fait bouillir avec le vin pendant cinq minutes. On lui donne une légère couleur de caramel, c'est-à-dire de sucre fondu. On le met dans un baril de 15 litres, avec un litre d'esprit de vin, et un mois après on le met en bouteilles.

On peut, comme l'on voit, en faire une moindre quantité, en gardant une exacte proportion dans la diminution des ingrédients. Ainsi si l'on ne mettait que 7 litres de vin, il ne faudrait mettre que la moitié des choses indiquées pour les 14 litres. Cela va de soi.

Lacryma-Christi.

Ce vin est un vin rouge, dont on ne cueille qu'une bien petite quantité. Son nom seul suffit pour nous faire comprendre quelle est sa bonté et sa qualité. C'est un vin très-capiteux qui enchaîne et engourdit en quelque sorte les facultés intellectuelles de ceux qui en abusent ; par conséquent, il faut donc faire un usage très-modéré de ce vin. Il est rare, extrêmement rare de pouvoir s'en procurer du véritable. Celui que le commerce nous livre par la main des liquoristes est composé ainsi :

Six litres de bon vin rouge de deux ans au moins, 250 grammes de raisins secs de Corinthe, un kilog. de sucre, 60 grammes de fleurs de pavots, 19 grammes de safranum, 4 grammes de cachou. On fait bouillir le tout pendant une minute ou deux. Après que ce vin est froid, on y ajoute un demi-litre de bon esprit de vin, on le filtre à travers un gros linge, et on le met en bouteilles. Quinze jours après on le soutire au clair, on le met de nouveau en bouteilles, en ayant soin de le bien boucher et goudronner en conséquence. Six à sept mois après, ce vin est délicieux et passe pour du véritable Lacryma-Christi.

Frontignan.

A ce nom les gourmets tressaillent de joie. Quand nous avons goûté du Frontignan, nous voyons bien qu'ils n'ont pas tort. C'est dans le midi de la France, à Frontignan, ville du département de l'Hérault, que l'on cueille ce délicieux vin. Sa couleur est un blanc tirant légèrement sur le jaune. Il a un goût muscat aromatisé.

Comme ce vin ne peut suffire pour tous ceux qui prétendent en être les consommateurs, voici comment s'y prennent les liquoristes pour y suppléer :

Ils prennent 14 litres de bon vin blanc ayant pour le moins deux ans, 1 kil. de sucre, 1 demi-kil. de raisins muscats secs, 4 grammes de noix muscades bien râpées, 4 grammes de fleurs de sureau, le tout bien délayé et infusé pendan huit jours, à froid. Après ces huit jours d'infusion, on y met un demi-litre d'esprit de vin ; on filtre ensuite comme j'ai dit précédemment et on met en bouteilles. Quinze jours après on le soutire bien au clair et on le remet dans des bouteilles bien propres, que l'on bouche et goudronne bien. Ce vin préparé ainsi et gardé quelque temps devient bon et flatte agréablement la dégustation.

Madère.

C'est encore un vin blanc, qui nous vient d'une île de l'Océan, située sur les côtes d'Afrique. C'est cette île qui lui a donné son nom. Sa vertu est d'être très-stomachique, par conséquent un excellent digestif. Quoique très-chargé d'alcool, ce vin est bu cependant avec délices, par la raison qu'il est très-doux. Voici comment se fait celui qui n'a jamais vu l'Océan: on prend 14 litres de bon vin blanc, ayant deux ans pour le moins; un kilog. de sucre, un kilog. de figues sèches bien pilées, 60 grammes de fleurs de tilleuls; 4 grammes de rhubarbe orientale; gros comme une fève d'aloès-succotrin; on pile le tout grossièrement; on fait bouillir pendant une minute ou deux; on filtre ensuite; on y met un litre d'esprit de vin, et on met en bouteilles pour soutirer au clair quinze jours après, de la même manière que j'ai déjà dit. On met en bouteilles et on les goudronne.

Champagne.

Tout le monde connaît ce vin-là. On en trouve partout, tellement il est répandu; il faut dire cependant qu'il ne vient pas toujours des caves d'Epernay. On sait que le vin de Champagne est blanc. Il est très-doux, mousseux ; il pétille en tombant dans le verre et a un goût exquis. Cet excellent vin se cueille en France dans la province dont il porte le nom.

Voici comment le composent les bons fabricants de vin de Champagne, qui sont assez communs : ils prennent 14 litres de bon vin blanc de deux ans, le plus blanc possible, trois livres de sucre en pains, 4 grammes de graines de céleri moulues ou pilées, 60 grammes de bi-carbonate de soude, autant d'acide tartrique. Après qu'on a mêlé le tout ensemble et que le sucre est bien fondu, on y ajoute trois quarts de litres d'esprit de vin ; on filtre à travers un gros linge de laine et on met en bouteilles. On a soin de les bien ficeler, à cause des gaz qui, en se dégageant, pourraient faire sauter les bouchons.

Ce vin ne se soutire pas comme les précédents. On fait bien de mettre la graine de céleri trois ou quatre jours auparavant dans le vin blanc, afin qu'elle ait donné son goût au vin, quand on mettra le bi-carbonate de soude et l'acide.

Alicante.

Nous voilà enfin sortis des vins blancs ; l'Alicante est un vin rouge d'un assez grand renom, mais que l'on boit rarement pur tel qu'on le cueille à Alicante, dans le royaume de Valence, en Espagne. Mais puisqu'il est si difficile de boire du véritable Alicante, voici comment on s'y prend, nous disent MM. les liquoristes, si nous en voulons boire du faux.

On prend 8 litres de bon vin rouge de deux ans au moins; un kilog. de sucre ; un kilog. de raisins secs de Corinthe ; le poids d'une pièce de dix sous de galéga pilé, autant de girofle et autant de cannelle pilés ensemble. On mêle bien le tout en jetant peu à peu dessus du vin, comme si on voulait en faire une pâte de farinade. Quand cette pâte est bien claire, on l'introduit dans le vin et on le laisse infuser pendant quinze jours. Au bout des quinze jours, on soutire son vin, on le filtre comme j'ai déjà dit ; on y met un demi-litre d'esprit de vin et l'on met en bouteilles.

Si le vin avait fait dépôt une quinzaine de jours après l'avoir ainsi mis en bouteilles, il faudrait le soutirer de nouveau au clair.

Ce que je dis là peut se faire pour les autres vins, à l'exception du Champagne, que l'on ne doit plus toucher après l'avoir ficelé ; autrement il perdrait toute sa force et son gaz.

Bordeaux.

Nous voilà arrivés, Messieurs, à un vin qui est non-seulement excellent pour les bien-portants, mais encore pour les convalescents, chez qui il fait des prodiges. Il y a deux sortes de vin de Bordeaux, un qui est blanc, et l'autre qui est rouge ; tous les deux sont délicieux. Le blanc se conserve autant que le rouge, pourvu qu'il soit bien tenu. On peut les garder dix ans. Il a un arome et un fumet des plus agréables et des plus suaves. Le rouge, celui dont la fabrication va nous occuper, est un vin qui jouit d'une grande réputation. Les meilleurs et les plus recherchés de ces vins sont ceux qu'on appelle le St-Emilion, le St-Julien et le Médoc.

Le vin de Bordeaux, dis-je, est excellent pour aider à rétablir les malades ; mais il est bien entendu que ce n'est pas celui qui sort de l'officine des liquoristes et marchands de vin.

Je vous ferai observer qu'il n'y a pas de vin plus facile à imiter que le vin de Bordeaux, pour le goût seulement bien entendu; quant à la qualité, c'est autre chose. Aussi combien il y a de personnes qui donnent à un vin passable du pays où elles sont un fumet et un arôme du Bordeaux bien plus prononcé que ne l'a le véritable Bordeaux lui-même.

Ainsi, si l'on ne veut pas être pris au traquenard et avoir quelque chose de mieux, il faut faire venir son vin de Bordeaux même ; du moins si on est trompé là, on ne le sera pas autant. Mais, voulez-vous en avoir sans le faire venir de Bordeaux ? la chose est facile. Voici comment un liquoriste dit de s'y prendre pour cela :

Vous mettrez dans un bon tonneau un tiers de vin de Mâcon en bonne qualité, un tiers de vin de Tavelle, un tiers de vin blanc du Bugey. Vous mettrez dans ces trois vins mêlés ensemble trois ou quatre livres de morceaux de goudron dont on goudronne les bouteilles, vous le laisserez tremper jusqu'à ce qu'il ait suffisamment donné son goût au vin, et alors vous aurez un vin qui aura un fumet que l'on ne pourra pas distinguer de celui du véritable Bordeaux. Je veux bien que cette recette soit excellente, mais elle donnerait plus de peine, d'ouvrage et d'embarras que de faire venir du vin de Bordeaux même.

Cette recette n'est réalisable que pour les habitants du Lyonnais, du Bugey et du Mâconnais; par conséquent un grand nombre d'autres localités ne doivent pas y compter. Seront-elles pour cela privées de faire leur vin de Bordeaux? Non. Je m'en vais donner une autre recette qui sera aussi bonne, si elle ne l'est pas davantage, qui sera plus facile à faire et qu'on pourra employer dans tous les pays où il y a du vin. La voici.

Il faut avoir du bon vin rouge ayant deux ans pour le moins. S'il est trop chargé en couleur, on y met un peu de vin blanc pour le rendre plus clair. On remplit de ce vin un petit baril dans lequel on laisse un peu de place pour y mettre une demi-livre de morceaux de goudron dont on goudronne les bouteilles. On laisse infuser le goudron pendant un mois. On y met alors un bon verre d'eau-de-vie du Midi, Languedoc ou Armagnac, puis une petite fiole d'essence de Médoc.

Cela fait, on a avec son vin ordinaire un excellent vin de Bordeaux, qui, s'il ne vaut rien pour les convalescents, est du moins délicieux pour ceux qui se portent bien. On trouve cette essence de Médoc chez tous les pharmaciens de Bordeaux. Il peut se faire aussi que quelques pharmaciens de province en soient munis.

A défaut de cette essence, le goudron et l'eau-de-vie peuvent suppléer; mais le vin n'aura plus le même bouquet. Cela est facile à comprendre, car l'essence de Médoc est l'extrait de tout ce qu'il y a de plus parfumé dans le vin de Bordeaux.

Quand on a préparé son vin comme je viens de le dire, on doit le mettre en bouteilles; seulement, au lieu de mettre ces bouteilles dans un cabinet, comme on fait pour le véritable Bordeaux, il faut les mettre à la cave.

Xérés.

Ce vin nous vient de l'Andalousie, l'une des provinces du royaume d'Espagne. La première année il n'est pas potable, tellement il est gros et chargé de couleur. Avant de le boire il faut qu'il vieillisse absolument, et ce n'est qu'après quelques années d'âge qu'il devient une espèce de liqueur que l'on prendrait facilement pour une véritable eau-de-vie que l'on ne connaît pas encore. Sa couleur est d'un beau roux clair.

Voici la manière employée par nos liquoristes pour nous en faire sans qu'il traverse les Pyrénées : Pour en faire deux bouteilles, ils prennent un litre de bon vin blanc ayant deux ans pour le moins, un demi-litre de bon vin rouge même âge. On mêle ensemble dans un grand saladier bien propre. On met gros comme une noix de sucre dans une petite daubière qui ne sert qu'à cela ; on le fait fondre seul sur le feu.

Quand il est fondu et qu'il prend la couleur noire, on verse dessus un demi-verre ou un verre de vin de son saladier. On remue un peu;

on laisse refroidir, et puis on verse le contenu de la petite daubière dans le saladier, en remuant. On ajoute à ce mélange, quand il est bien froid, une chopine d'eau-de-vie d'Armagnac ou de Cognac.

Pour que ce vin soit bien fait, il doit avoir la couleur de pelure d'oignons foncés. On met ce vin ainsi préparé dans deux bouteilles que l'on bouche bien et on le laisse quinze jours, au bout desquels on le soutirera, en ayant soin de ne pas trop le remuer, puis on bouche bien les bouteilles et on les couche. Si on désire donner encore plus de force au vin, on y met davantage d'eau-de-vie.

Ce vin tout simple qu'il soit, est excellent. Il ne doit être pris qu'en guise de liqueur dans des petits verres, surtout quand on le force en eau-de-vie. A voir et à goûter ce vin ainsi fabriqué, on lui donnerait 20 ans d'âge.

— En voilà assez maintenant, je pense, Monsieur et Madame Ariste, pour ne plus aller vider sa bourse chez le fabricant de liqueurs et de vins fins. On peut, ce me semble, avec ces bonnes recettes, apprêter soi-même plus d'espèces de vins et de liqueurs qu'il n'en faut pour nos petites tables et nos petits besoins de la maison.

— Mais, Monsieur le Curé, pour compléter

vos recettes, il manque une chose qui, selon moi, n'est pas la moindre ; c'est la chose indispensable, la chose capitale ; c'est celle sans laquelle votre vin et vos liqueurs seraient sans prix et sans valeur ; je veux dire le décorum de la bouteille.

— Quoi donc, Monsieur Ariste, quoi donc? ne vous ai-je pas tout donné? je vous assure que je n'ai rien mis en réserve ; je vous livre franchement ce que je sais là-dessus.

— Ce n'est pas ce que je veux dire, Monsieur le Curé.

— Alors parlez donc, pour être compris, sans avoir recours aux énigmes.

— Voici ce que je veux dire, Monsieur le Curé : c'est qu'en nous donnant vos recettes, il aurait fallu nous apprendre à faire le goudron : une bouteille sans goudron, quelque soit son contenu, n'est que de l'ordinaire et du commun ; c'est le goudron en quelque sorte qui fait tout à la chose.

— Vous avez raison, Monsieur Ariste; quoiqu'on dise que ce n'est pas l'habit qui fait le moine, il n'en est pas de même ici. Il faut nécessairement que le goulot de la bouteille soit couronné d'une jolie cire rouge, verte, bleue, ou jaune pour que le contenu soit une chose rare et de prix. Eh bien ! Monsieur Ariste, puisqu'il en est ainsi, bien que ce *décorum*, comme vous l'appelez, ne donne point au vin sa bonté et sa qualité, je m'en vais vous donner une recette pour faire vous-même le goudron; au point qu'après l'opération que vous en aurez faite, votre bouteille sera aussi fière que celle du liquoriste et n'aura rien à lui envier.

Recette pour faire le Goudron.

Voici ce qu'il y a à faire pour obtenir ce résultat : on fait fondre 60 grammes de cire, dans laquelle on jette, quand elle est fondue, 150 grammes de colophane, autant de poix-résine et 60 grammes de gomme laque. Pour la couleur jaune, on y met de l'ocre; pour le bleu, du bleu de linge; pour le vert, on mêle du bleu au jaune; pour le rouge, on met de l'ocre jaune sur une pelle au feu, et il devient d'un beau rouge. Quand on a donné la couleur que l'on veut à son goudron, on y plonge le goulot de la bouteille et on tourne la bouteille sur elle-même en la retirant, afin que la couche de goudron s'étende partout avec égalité.

Voilà qui ne laisse plus rien à désirer, Monsieur Ariste ; il est bien temps de se retirer. Adieu, Messieurs, adieu : de lundi en quinze je vous attends ; vous viendrez voir comment sont couronnées mes bouteilles et ce que peuvent faire mes recettes en faveur du contenu. Je vous ferai manger de tendres haricots verts et des raisins aussi frais et aussi vermeils que si nous étions au mois d'octobre et qu'on vînt de les détacher de ma treille.

2ᵉ ENTREVUE

Le jour du rendez-vous étant arrivé, mes convives se trouvèrent à l'appel. Les haricots et les raisins promis parurent sur ma table, à la grande surprise de M. Ariste. Le vin et les liqueurs que j'avais fabriqués ne le surprirent pas moins.

— Vos vins sont excellents, Monsieur le Curé, et vos liqueurs délicieuses, me disait-on.

— Vous pouvez, Messieurs, leur disais-je, en faire autant maintenant.

— C'est vrai, Monsieur le Curé ; mais pour

avoir des haricots verts et bons et d'excellents raisins comme vous nous avez donné....

— Je vois, Messieurs, que vous voudriez connaître mes recettes ; soit. Je m'en vais vous les donner telles que je les sais. Voilà six ans que j'en fais usage; elles m'ont toujours parfaitement réussi, tant pour les haricots que pour les raisins.

Manière de conserver des haricots verts.

On ramasse les haricots les plus tendres que l'on puisse trouver. On les épluche bien, c'est-à-dire on leur ôte les fils comme si on voulait les faire cuire. Cela fait, on les met dans un pot de grès, où l'on fait un lit de sel et un lit de haricots alternativement, le lit de haricots est d'un pouce à peu près ou deux. Le lit de sel de l'épaisseur nécessaire pour couvrir tout juste les haricots. On remplit son pot. Deux jours après le pot se diminue ; on ramasse de nouveau des haricots et on le remplit de la même manière que précédemment, et on fait cela jusqu'à ce que l'on s'aperçoit qu'il ne diminue plus; alors on couvre le pot de sel suffisamment pour que les haricots ne se voient pas et puis on bouche le pot. De cette manière les haricots dureraient 10 ans.

Quand on veut en manger, on tire ce que l'on veut faire cuire; on les met dans un grand vase, puis on jette par-dessus trois ou quatre litres d'eau bouillante et on les laisse tremper ainsi 15 ou 20 minutes. En les sortant, il faut les mettre dans une grande marmite, où doivent bouillir dans ce moment-là quatre à cinq litres d'eau. On les fait cuire à grand feu; il leur faut une heure à peu près pour cuire. En les sortant de la marmite, on les égoutte et on les met de suite tremper 10 minutes dans de l'eau froide, puis on les égoutte de nouveau et on les prépare comme l'on veut. C'est cette dernière opération à l'eau froide qui les rend comme s'ils étaient frais.

En suivant cette méthode, on a des haricots bien cuits, entièrement dessalés et tellement que quelquefois on est obligé de les saler de nouveau. Ils sont aussi bons et aussi tendres que si l'on venait de les cueillir; il n'y reste ni âcreté ni goût de légumes confits, ou d'herbes sèches.

Manière de conserver les raisins.

Si vous voulez avoir, Messieurs, le plaisir et l'avantage de manger des raisins comme ceux que vous avez mangés ici, c'est chose facile ; seulement il faut un peu de peine et d'embarras. Voici comment il faut s'y prendre:

Première formule.—On a fait une petite provision de fioles en verre ; quand le raisin est arrivé à sa parfaite maturité, sur la fin d'octobre, et surtout avant qu'il gèle, on remplit à moitié d'eau chacune de ces fioles, puis on met cinq grammes de charbon pulvérisé pour chaque fiole. Au lieu de couper le raisin contre la branche comme l'on fait ordinairement, on coupe la branche et on laisse le raisin après. Cette branche doit être coupée assez longue pour qu'il y ait deux nœuds au-dessous du raisin et deux nœuds au-dessus, c'est-à-dire de la longeur d'un pied et demi à deux pieds. Cela fait, on insère la branche dans une des fioles qui a l'eau et les 5 grammes de charbon pulvérisé. Si la fiole n'est pas tout-à-fait pleine d'eau, quand on a inséré la branche, on la finit de remplir, en faisant entrer la branche jusqu'au fond de la fiole, si déja elle n'y était pas. Cela fait on bouche bien la fiole avec de la cire d'abeilles pour que l'air ne puisse nullement y pénétrer.

On met ensuite sur le bout qui est en haut du raisin, hors de la fiole, un fort enduit de cire à greffer, pour empêcher que la sève et la substance ne s'évaporent.

La cire à greffer se fait avec de la résine, de la cire ordinaire et du charbon de bois pilé. On peut se servir aussi pour cela et très-avantageusement du goudron que je vous ai indiqué de faire pour les bouteilles.

Quand on a préparé la quantité de fioles que l'on veut de cette manière, on les porte dans le fruitier, c'est-à-dire dans un endroit où il ne gèlera pas pendant l'hiver, et on les suspend le long du mur sur une espèce de râtelier que l'on a préparé, ou bien on les attache à des cordes.

Il faut que le raisin ne soit pas gêné et ne touche aucun objet. On a le soin de le surveiller pour voir s'il n'y a pas quelques graines de raisin qui pourrissent ; aussitôt qu'on en aperçoit, il faut les arracher, pour qu'elles ne nuisent pas à leurs voisines.

Avec ce soin-là on peut conserver 8 ou 9 mois des raisins. On met du charbon et on bouche la fiole avec de la cire pour empêcher de corrompre l'eau qui doit alimenter la branche et lui donner la vie.

On goudronne le bout de la branche qui est hors de la fiole pour concentrer dans la branche toute la force, la sève et la vie qu'elle reçoit de l'eau et du charbon.

Deuxième formule. Vous me direz peut-être, Messieurs, que la recette que je viens de vous donner pour la conservation des raisins, est une recette assez belle en théorie, mais en pratique très-difficile à employer, pour ne pas dire inexécutable.

Il est vrai, Messieurs, que cette recette demande des soins, un petit travail et beaucoup de minuties; mais quelle est la chose un peu importante ici-bas qui ne demande pas tout cela? Ce n'est qu'en prenant de la peine et beaucoup de peine souvent que l'on vient à bout de ce que l'on entreprend; il ne faut donc pas s'étonner de la nécessité de tout ce petit attirail que je viens d'énumérer plus haut, si l'on veut avoir le plaisir et la satisfaction de manger des raisins dans toute leur fraîcheur et saveur au mois de mai.

Eh bien! Messieurs, puisque cette recette vous paraît trop difficile à exécuter, je puis vous en indiquer une autre beaucoup plus simpre et qui réussit assez bien. Le raisin par ce simple moyen, conserve en entier son goût et sa saveur ; seulement il perd un peu de sa fraîcheur et de sa tendreté, et se trouve un peu plus exposé à pourrir que lorsqu'on emploie pour sa conservation le premier moyen que j'ai indiqué.

Ce dernier procédé consiste tout simplement à ramasser la quantité de raisins que l'on veut conserver, un jour de beau temps où les grappes ne sont point mouillées, ni humectées de rosée.

On a ensuite une caisse de quinze à vingt centimètres de profondeur, sur une longueur et largeur quelconque.

On met dans le fond de la caisse une couche de son de froment de l'épaisseur de six à sept centimètres, puis on met dessus les raisins les uns devant les autres, disposés de manière à ce que les grappes ne puissent se toucher.

Cela fait, on couvre de son les raisins jusqu'à ce que la caisse soit pleine ; puis on la ferme le plus hermétiquement possible. Pour cela on fait très-bien de coller du papier fort dans l'intérieur de la caisse et sur la couverture. Par ce simple moyen on peut conserver assez longtemps et en bon état le raisin.

Voici ce que me disait la personne qui a

bien voulu me faire part de ce procédé :

« J'avais préparé quelque temps avant la vendange plusieurs caisses de raisins que je voulais conserver pour l'hiver. Une fut oubliée. Quand je la retrouvai, au mois de mars, je comptais que son contenu était pourri ; mais quel ne fut pas ma surprise en l'ouvrant ! je trouvai les raisins parfaitement conservés et dans un bon état de fraîcheur ; depuis cette époque je considère ce moyen de conservation comme excellent. »

— Messieurs, c'est là tout le mécanisme de cette merveille.

— Monsieur le Curé, nous vous remercions infiniment de nous avoir donné deux si excellentes recettes. Nous avons aujourd'hui mangé de leur produit et nous en sommes enchantés.

— J'en suis on ne peut plus flatté, Messieurs ; mais je crains que vous n'exagériez les compliments.

— Puisque nous ne faisons plus rien, Messieurs, si vous vouliez, nous ferions un tour de jardin et là nous causerions un peu.

— Nous sommes à votre disposition, Monsieur le Curé. —

Sur cela nous nous levâmes et nous allâmes au jardin.

M. Ariste examinait attentivement mes

fleurs, et surtout mes caisses de lauriers que j'avais sorties de serre depuis quelques jours seulement.

— Comment faites-vous, Monsieur le Curé, me dit-il, pour conserver vos caisses dans un si bon état? on dirait qu'elles ne sont faites que d'hier.

— J'ai un moyen, Messieurs, pour conserver mes caisses indéfiniment.

— Veuillez donc nous dire, s'il vous plaît, en quoi il consiste.

— Messieurs, puisqu'il est écrit, à ce qu'il paraît, que vous devez m'arracher toutes mes recettes les unes après les autres, je m'en vais donc vous parler de celles de mes mastics, vu que mes caisses m'y conduisent tout naturellement.

Mastic pour les vitriers.

Ce mastic se compose de blanc d'Espagne et d'huile de lin. Si on veut lui donner plus de force et de résistance, on y met un peu de céruse. Il sert aux vitriers pour coller les carreaux de vitres au châssis. Les peintres l'emploient pour boucher les trous qui existent dans les panneaux de bois avant de les peindre.

Mastic pour préserver les murs intérieurs des appartements de l'humidité.

On prend deux livres d'huile de lin, une livre de résine et une livre de cire, on fait fondre le tout ensemble et puis on passe à chaud sur la surface des murs intérieurs. Cette opération les préserve de l'humidité et assure la solidité des peintures dont on veut les couvrir, soit papier ou autrement.

Mastic inaltérable.

Ce mastic est formé de quatre-vingt-treize

parties de brique ou d'argile bien cuite et de sept parties de litharge, c'est-à-dire d'un quatorzième de litharge sur treize parties de brique, ou en d'autres termes une livre de litharge sur treize livres de brique. On pulvérise la brique et la litharge; celle-ci doit toujours être réduite en poudre très-fine; on les mêle ensemble et on y ajoute assez d'huile de lin pur pour donner au mélange la consistance du plâtre gaché; alors on l'applique à la manière du plâtre, après avoir toutefois mouillé avec une éponge le corps sur lequel on veut l'appliquer.

Cette précaution est indispensable; sans cela l'huile s'infiltrerait à travers ce corps, et empêcherait que le mastic prît toute la dureté désirable.

Lorsqu'on l'étend sur une grande surface, il s'y fait quelquefois des gerçures; on les bouche avec une nouvelle quantité de mastic. Ce n'est qu'au bout de trois ou quatre jours qu'il devient solide.

Ce mastic peut être employé avec succès pour couvrir les terrasses, revêtir les bassins, souder les pierres et arrêter l'infiltration des eaux; il devient si dur qu'il raie le fer. C'est ce mastic-là composé un peu clair, dont je me suis servi pour enduire l'intérieur et l'extérieur de mes caisses, afin de les garantir

Un autre mastic plus avantageux et plus facile à employer que celui-ci est donné sur la fin de cette page, pour la conservation des pots à fleurs.

Mastic pour les conduites d'eau.

Cette recette m'a été donnée en 1811 par un fontainier. Elle consiste à faire fondre du suif, auquel on ajoute de la chaux vive en poudre; on mêle jusqu'à ce que la consistance du mélange soit un peu plus liquide qu'épaisse. On y trempe des étoupes, et on les applique en les arrêtant par une ligature, sur le conduit ou tuyau du métal qui suinte et sur lequel la soudure ne peut prendre à cause de l'humidité.

L'expérience a prouvé que ce mastic dure depuis dix ans appliqué sur des ouvertures à des tuyaux de fontaines. Si on désire consolider davantage ce mastic, on peut appliquer dessus une couche du mastic inaltérable.

— Voici, Messieurs, en quoi consiste cette composition, que l'on emploie pour la conservation des caisses qui servent de pots à fleurs : on prend deux livres et demie de résine, deux livres de craie en poudre et lavée, quinze livres de sable blanc, un quart d'huile de lin, 30 grammes d'oxide rouge de cuivre et 50 grammes d'acide sulfurique. On chauffe ensemble dans un vase de fer ou de fonte, la craie, la résine, le sable et l'huile de lin ; on y ajoute ensuite l'oxide rouge de cuivre et l'acide sulfurique ; on mêle bien le tout en remuant, et on applique toute chaude cette composition ainsi obtenue sur le bois, avec un fort pinceau à gros crins raides.

Si l'enduit est trop épais, on le délaye quelque peu en y ajoutant de l'huile de lin en quantité suffisante. Cet enduit sèche promptement et il forme ensuite un enduit aussi dur et aussi solide que la pierre.

Cet enduit s'emploie avec beaucoup d'avantage, non-seulement pour les pieux et tuteurs, mais encore pour les châssis et surtout pour les caisses en bois servant de pots à fleurs, et en un mot pour tous les ouvrages qui sont destinés à être mis en contact avec la terre humide.

Mastic qui résiste à la plus grande action du feu et de l'eau.

Ce mastic a été inventé en 1815. Pour le faire, on prend une demi-pinte de lait que l'on mêle avec une quantité pareille de vinaigre, de manière à faire coaguler le lait ; on ajoute à ce dernier les blancs de quatre œufs, après les avoir bien battus. Ces deux substances étant parfaitement mêlées, on ajoute de la chaux vive passée au tamis et on forme une pâte qui acquiert la consistance de la pâtée.

Ce mastic employé avec soin pour réunir des corps brisés ou remplis de fentes et de gerçures de quelle espèce qu'elles soient, résiste au feu et à l'eau, si on a soin de le laisser parfaitement sécher après l'avoir employé. Il soude les pierres d'une manière très-solide. Il est excellent aussi pour réparer ce qu'il y a d'ébréché ou de mutilé sur une pierre ou un objet quelconque.

Mastic fin pour objets précieux

Ce mastic soude le cristal, le verre, la porcelaine, la faïence, le marbre, la terre cuite, etc., d'une manière si solide, que l'objet soudé se cassera plutôt à une autre place qu'à celle où il est soudé. C'est une excellente recette, comme vous voyez.

Pour composer ce précieux mastic, vous faites bouillir, pendant cinq ou six minutes, dans une eau bien claire un morceau de verre blanc; vous pilez ensuite ce verre et vous lui donnez un grand degré de ténuité en le broyant sur un marbre ou une pierre bien lisse, puis vous le passez à travers un tamis de soie le plus fin possible, et vous mélangez avec du blanc d'œufs. Cela fait, vous prenez avec une plume, en guise de pinceau, cette matière, qui doit être assez liquide et vous l'appliquez sur les morceaux cassés que vous voulez rejoindre; puis vous pressez fortement ces morceaux à leur place les uns contre les autres, afin qu'ils se rejoignent comme si l'objet n'était point cassé; vous laissez bien sécher l'objet ainsi soudé et vous enlevez ensuite avec un couteau le mastic qui a pu déborder hors des fentes. La ténacité de ce ciment est telle que les parties rejointes ne se séparent jamais, même lorsqu'on vient à rompre de nouveau les vases ainsi raccommodés.

La chaux vive réduite en poussière extrêmement fine et mêlée au blanc d'œuf, produit le même effet que le verre.

J'en ai fait l'expérience, Messieurs, essayez comme moi et vous verrez. Il ne faut cependant pas laisser trop longtemps détremper dans l'eau l'objet soudé, surtout dans l'eau trop chaude, parce qu'il pourrait se ramollir et par suite se décoller ; mais si on ne fait que le passer par l'eau, soit froide ou chaude, il n'y a point de danger.

Veilleuses.

Quand nous eûmes quitté le jardin et visité l'église, un de mes confrères me dit : Comment faites-vous donc, Monsieur le Curé, pour entretenir une lumière si vive devant le Saint-Sacrement ?

— C'est chose facile, mon cher confrère, et peu coûteux tout à la fois. Il suffit d'avoir de l'huile bien épurée et un peu de ouate de coton. On connaît que l'huile est bonne quand elle a une odeur piquante comme la moutarde, au lieu d'une odeur de rance ; quand elle est très-limpide et qu'elle a une légère couleur jaune-safran, au lieu de cette couleur jaune-foncé tirant sur le rouge. L'huile ayant ces deux qualités, vous prenez un peu de ouate, vous la roulez entre les doigts, pour en faire une petite mèche que vous placez dans le verre, sur le porte-mèche. Vous avez soin, avant de l'allumer, qu'elle soit complètement mouillée d'huile. Il est inutile de dire que le plus ou le moins de dépense qu'entraînera cette lampe dépend totalement du plus ou moins de grosseur de la mèche. Ainsi on peut mesurer les dépenses selon les ressources.

J'ai fait un essai de presque toutes les veilleuses connues ; celles de ouate ainsi fabriquées sont celles qui ont le mieux réussi et le moins dépensé. 2 kilogr. d'huile épurée suffisent pour entretenir une lampe allumée continuellement pendant 30 à 35 jours.

Messieurs, je vous ai donné toutes mes recettes ; cependant j'en ai encore une autre qui vaut la peine d'être connue. Je la tiens d'un excellent ouvrier qui travaillait chez un sculpteur voisin de la maison paternelle. J'étais enfant au moment où elle me fut communiquée par cet ouvrier, excellent chrétien qui m'aimait comme son fils.

Quel bonheur, quelle joie c'était pour moi d'apprendre le secret de dorer et d'argenter, à la vue des brillantes statues du voisin, qui captivaient mes regards et mon admiration ! Aussi apprendre cet art fut pour moi l'affaire de quelques jours seulement, tant j'y apportai d'application. C'est le cas de dire ici avec le proverbe : pour pouvoir il faut vouloir.

Vous voyez, Messieurs, ces cadres dorés ; ils sont mon ouvrage. Vous avez vu aussi les dorures de mon église, sur le fer, sur le bois et sur la pierre ; ces objets sont encore le produit de mon procédé.

— Monsieur le Curé, vous nous avez appris bien des choses que nous ignorions, et que sans vous nous n'aurions probablement jamais connues ; vous serez assez bon, nous l'espérons, pour nous donner dans tous ses détails cette dernière recette.

— Oui, Messieurs, je vous promets de vous l'apprendre ; mais ce sera seulement pour la prochaine entrevue.

15

3ᵉ ENTREVUE

Jamais personne n'avait été attendu peut-être avec plus de désir et d'impatience ; aussi mon arrivée fut-elle pour tous une véritable joie. Rien de plus pressé que de me rappeler la promesse faite quelques jours auparavant.

Patience, Messieurs, patience; je vous satisferai, soyez-en sûrs ; mais comme les détails de la chose demandent un temps assez long, dînons d'abord, et puis je vous expliquerai mon procédé tout à mon aise. Le dîner fini, je pris ces messieurs et nous allâmes dans le jardin du confrère, nous asseoir sur le grand banc de la charmille qui nous couvrait de verdure ; et là, sous ce feuillage frais, je leur donnai ma dernière recette.

Procédé pour dorer et argenter.

Messieurs, comme je vous ai promis de vous expliquer comment il faut faire pour dorer et argenter, je tiens ma parole. Parlons d'abord de la dorure et ensuite nous parlerons de l'argenture.

Voici les différentes manières de dorer: 1º pour dorer les métaux, on avait jusque-là employé la dorure au mercure, qui consistait à déposer sur l'objet à dorer un amalgame d'or et de mercure et à faire évaporer ensuite ce dernier par la chaleur.

Ce procédé, qui était très-nuisible pour la santé de l'ouvrier, a été remplacé depuis quelques années seulement par le procédé Ruoltz, qui consiste à placer les objets à dorer dans un bain composé de cyanure d'or mêlé à du cyanure de potassium dissous dans l'eau et que l'on maintient à une température de 18 à 20 degrés de chaleur. On fait ensuite jouer l'électricité.

Comme ce procédé n'est pas celui qui nous occupe et que de plus il faut un grand appareil pour fonctionner, je n'en dis qu'un mot en passant.

2º Pour dorer la pierre, le marbre, le stuc, le plâtre, les grilles, et les balcons de fer, etc., on recouvre ces objets d'une couche de céruse délayée dans de l'huile de lin; on y ajoute ensuite un mordant composé d'or couleur et d'huile cuite.

Lorsque ce mordant est à moitié sec, on le couvre de minces feuilles d'or sur lesquelles on promène en appuyant un peu un pinceau plat de blaireau légèrement graissé de suif. On termine en appliquant sur la dorure un léger vernis à l'alcool.

3° Pour dorer les tranches de livres, on les met en presse très-serrés. On applique dessus une légère couche de blanc d'œuf, puis, une seconde couche pareille à la première; on ajoute un peu de bol d'Armenie et de sucre candi en poudre: on polit bien cette couche, puis on la couvre d'or en feuilles qu'on brunit ensuite avec une dent-de-loup.

On se sert du même moyen pour imprimer les titres de livres sur les reliures. L'or est fixé en appuyant un fer chaud, puis les parcelles qui dépassent sont enlevées en frottant avec du coton.

4° Pour dorer le bois, on emploie deux procédés, la dorure à l'huile et la dorure en détrempe. La dorure à l'huile se fait ainsi : on passe sur le bois qu'on veut dorer deux ou trois couches de blanc en détrempe avec un brosse de poils de sanglier ou de cochon. On laisse sécher un peu la première pour passer la seconde et la seconde pour passer la troisième.

Ce blanc en détrempe se fait avec du plâtre bien tamisé ou du blanc d'Espagne, de Rouen ou de Paris que l'on mêle avec de la colle faite avec des rognures de cuirs fins, pris chez le cordonnier et que l'on fait bouillir dans la quantité d'eau voulue.

Avant de passer le blanc en détrempe, on doit passer sur le bois une couche de colle bouillante, laquelle doit être sèche quand on passe le blanc. Après que la dernière couche de blanc est sèche, on en passe deux ou trois autres de la même manière qui sont faites avec de l'ocre jaune préparé et une quantité convenable d'huile grasse et dessicative ; il faut que cette composition ait un peu de consistance, c'est-à-dire ne soit pas trop claire.

L'ocre jaune préparé se fait ainsi : on le broye bien d'abord avec de l'eau, puis on le laisse sécher et on s'en sert ensuite avec l'huile dessicative dont je viens de parler. On le broye bien ensemble sans être trop clair, et ainsi se trouve faite la composition qui doit servir aux trois dernières couches.

L'huile dessicative est une huile préparée exprès pour recevoir la dorure. L'objet à dorer ayant reçu toutes les couches dont nous venons de parler, on applique dessus les feuilles d'or avant que la dernière couche soit entièrement sèche, c'est-à-dire soit encore onctueuse.

Les feuilles sont entières ou coupées par morceaux, selon le besoin. On se sert, pour les prendre, de coton doux ou bien cardé, ou de la palette en détrempe, ou tout simplement du couteau avec lequel on les a coupées, suivant les parties de l'ouvrage que l'on veut dorer ou la largeur de l'or que l'on veut appliquer.

A mesure que l'on met ses feuilles sur l'objet à dorer, on les étend bien, pour qu'il n'y ait pas d'enflures et de bouffissures. Pour cela on passe dessus une brosse ou un gros pinceau de poils très-doux; ou bien encore une patte de lièvre. Cette dernière opération sert aussi à attacher l'or et comme pour l'incorporer à la dernière couche à l'ocre jaune que l'on a passé.

Cette dorure est beaucoup moins brillante que la dorure à la détrempe; mais elle est plus solide et résiste très-bien à l'humidité, à l'air et aux injures du temps.

Elle peut s'appliquer sur le bois, la pierre, le plâtre, le plomb et le fer. L'or en feuilles se vend chez les principaux droguistes. Elles sont en cahiers, séparées les unes des autres par des feuilles de papier ordinaire. Elles sont tellement minces et déliées que pour les employer il faut apporter le plus grand soin, et surtout ne pas dorer au vent; autrement l'or risquerait fort d'être emporté par celui-ci. L'or en feuilles n'est pas bien cher par que les feuilles sont aussi déliées qu'une toile d'araignée et que de plus il entre dans leur composition des matières de vil prix. Voici ce qu'il y a à dire pour la dorure à l'huile, qui est assez simple, comme on peut en juger.

On me dira peut-être : mais qu'est-ce que c'est que l'huile dessicative ? et où peut-on la trouver ? L'huile dessicative est une huile préparée, dont les principes graisseux ne s'opposent plus à une prompte et complète dessication.

Cette huile peut se trouver chez les marchands-droguistes. On peut aussi la préparer facilement soi-même si l'on veut. Voici deux moyens que l'on peut employer à son choix pour cet effet.

Première formule. On fait bouillir pendant une heure, à bien petit feu, pour que le contenu ne sorte pas du vase, un kilogramme d'huile de lin dans laquelle on a mis deux cents grammes de litharge. On laisse ensuite refroidir et déposer, puis on décante l'huile qui, par ce moyen, a acquis une propriété de dessication.

Deuxième formule. Pour obtenir une bonne huile dessicative, on mêle bien à un kilogramme d'huile de lin 500 grammes d'essence de térébenthine. On emploie cette huile aussitôt le mélange fait ; elle se dessèche assez rapidement mêlée aux couleurs et enduite sur le bois ou sur les pierres.

Dorure en détrempe.

Cette dorure demande infiniment plus de préparations que la dorure à l'huile. Cette dorure ne peut pas être employée sur toute espèce de matières, comme la dorure à l'huile. Le bois et le stuc sont presque les seuls objets que l'on peut dorer en détrempe ; encore faut-il qu'ils soient à couvert, par la raison que cette dorure ne peut pas résister à la pluie et aux impressions de l'air, qui la gâtent et l'écaillent aisément. Le seul avantage de cette dorure, c'est qu'elle est plus belle et plus brillante que l'autre.

Voici comment on fait pour procéder à cette dorure, qui demande beaucoup de soin et de temps; on passe une couche de colle bouillante sur le bois que l'on veut dorer ; ceci s'appelle encoller le bois. Quand cette couche est sèche, on lui donne le blanc en détrempe fait de la même manière que pour la dorure à l'huile ;

seulement, au lieu de trois ou quatre couches, on en met de sept à douze, selon que le bois est sculpté ou non; s'il est sculpté moins, s'il est uni plus. Pour passer le blanc, on se sert d'une brosse de poil de sanglier. Si l'ouvrage est uni, le blanc en détrempe se met en adoucissant, c'est-à-dire en traînant la brosse par dessus légèrement : s'il est sculpté, c'est en frappant légèrement plusieurs coups de la brosse qu'on fait entrer le blanc dans les creux. Quand toutes les couches sont passées et que l'ouvrage est parfaitement sec, on l'adoucit; ce qui se fait en le mouillant avec de l'eau claire et en le frappant avec quelques morceaux de grosse toile, s'il est uni, de la même manière qu'en époussetant un objet.

Si l'ouvrage est sculpté, on se sert de bâtons légers en sapin, au bout desquels sont attachés quelques lambeaux de cette même toile, pour pouvoir plus aisément suivre tous les contours et pénétrer plus facilement dans tous les enfoncements des reliefs.

Le blanc étant bien adouci, c'est-à-dire bien poli et bien sec, on y passe le jaune, qui est de l'ocre commun bien broyé et bien tamisé, qu'on détrempe avec la même colle dont on s'est servi pour le blanc; seulement il faut qu'elle soit moins forte de moitié, c'est-à-dire moitié moins gluante. Cette couleur se couche toute chaude ; elle supplée quelquefois dans les ouvrages de sculpture à l'or que l'on ne peut porter jusque dans les creux et sur le revers des feuillages et ornements. C'est avec un pinceau que l'on passe le jaune.

L'assiette se place sur le jaune quand il est sec, en observant de n'en point mettre dans le creux des ouvrages en reliefs. On appelle assiette la couleur ou composition sur laquelle doit se poser ou s'asseoir l'or des doreurs. Elle est composée de bol d'Arménie, de sanguine, de mine de plomb en parties égales et d'un peu de suif de chandelle. On broie bien tout cela ensemble et on le détrempe dans de la colle de rognure de cuir toute chaude et un peu forte, laquelle doit être appliquée toute chaude sur le jaune jusqu'à trois couches.

Les dernières ne se donnent que lorsque les premières sont entièrement sèches.

La brosse pour coucher l'assiette doit être douce ; mais quand l'assiette est couchée et bien sèche, on se sert d'une autre brosse plus rude pour frotter tout l'ouvrage à sec : ce qui enlève les petits grains qui pourraient être restés et facilite beaucoup le brunissement de l'or. Quand on veut dorer, on mouille avec un pinceau fait pour cela l'assiette pour lui donner l'humidité suffisante pour aspirer et retenir les feuilles d'or qu'on applique. C'est avec une palette qu'on les place, ou au moyen du couteau avec lequel on les a coupées. On les pose et étend doucement sur les endroits de l'assiette qu'on vient de mouiller, et on passe ensuite légèrement un pinceau pour l'attacher et unir entièrement à l'assiette, de manière qu'il n'y ait ni enflure ni bouffissure, et que le tout soit bien étendu et étiré.

Quand on a fini de dorer son objet et qu'il est parfaitement sec, on le brunit ou on le mate. On appelle brunir l'or lui donner un brillant et un vif éclat. Pour cela on le polit et on le lisse fortement avec le brunissoir, qui est ordinairement une dent-de-loup, ou encore un de ces cailloux qu'on appelle pierre de sanguine et qui sont emmanchés en bois. Mater l'or, c'est passer légèrement dessus de la colle en détrempe, c'est-à-dire de la colle faite avec des rognures de cuir, dans laquelle on délaye quelquefois un peu de vermillon, sur les endroits qui n'ont pas été brunis. On appelle cette opération repasser et donner couleur à l'or.

Cette façon le conserve et l'empêche de s'écorcher, c'est-à-dire de s'enlever quand on le touche.

Voilà pour la dorure sur bois ; maintenant disons deux mots de l'argenture. On peut suivre le même procédé que pour dorer.

Cependant voici la manière la plus commune : c'est d'enduire tout simplement l'objet que l'on veut argenter d'une couche de solution gommeuse ou albumineuse, c'est-à-dire de gomme ou de blanc d'œuf, et d'y appliquer ensuite les feuilles d'argent que l'on brunit comme l'or, après les avoir laissé sécher. On peut aussi employer ce même procédé pour l'or.

Ce moyen est plus expéditif ; seulement il est beaucoup moins solide. On se procure les feuilles d'argent aux mêmes endroits que les feuilles d'or.

Voilà, Messieurs, mon procédé pour dorer et argenter, exposé clairement dans ses plus menus détails ; j'espère que vous en serez satisfaits et qu'à la première entrevue, si vous voulez prendre la peine d'en faire l'expérience, vous m'en ferez des remerciements.

Adieu, Messieurs, soyez bons liquoristes, sans en abuser, et bons doreurs et argenteurs sans y consacrer trop de temps. Le devoir d'abord et l'agréable ensuite.

4ᵉ ENTREVUE

Les recettes de M. Ariste.

— Monsieur le Curé, vous nous avez donné tant d'excellentes recettes, que vous avez dû dans le temps en faire sans doute un véritable répertoire ; si vous teniez à l'augmenter de quelques-unes de plus, je pourrais au besoin, Monsieur le Curé, vous les fournir.

— Monsieur Ariste, vous êtes bien bon de me faire cette offre. Vous possédez donc quelques recettes ?

— J'en possède trois, Monsieur le Curé, qui sont à votre disposition, comme j'ai eu l'honneur de vous le dire.

— Voudriez-vous bien, Monsieur Ariste, me faire connaître ces bonnes recettes ?

— Bien volontiers, Monsieur le Curé ; la première de ces recettes est pour empêcher le vin de tourner pendant la fermentation qu'il subit dans les grandes chaleurs de l'été.

— Elle est précieuse celle-ci, Monsieur Ariste ; elle mérite une des places d'honneur dans un recueil de recettes. Je la ferai donc figurer la première à la suite de celles que je viens de vous donner.

— Je suis vraiment charmé de pouvoir vous être agréable.

— Je suis enchanté, en effet, mon cher Monsieur Ariste ; vous comprenez qu'une recette de cette importance n'est pas du tout à dédaigner.

— Ma seconde et ma troisième recette, Monsieur le Curé, seront loin d'avoir pour vous le même attrait ; il vaudrait mieux ne pas vous les donner.

— Quelles qu'elles soient, Monsieur Ariste, donnez toujours ; il arrive assez souvent que ce qui ne convient pas aux uns peut faire grand plaisir à d'autres, comme l'on dit.

— Ma seconde recette convient aux ébénistes et menuisiers : elle leur indique les différents moyens de colorer le bois.

— Et vous appelez cela, Monsieur Ariste, une recette à laquelle on ne tiendra peut-être pas. Détrompez-vous : elle est plus précieuse que vous ne sauriez le croire. Elle ne figurera pas mal à la fin de mon recueil. Combien de personnes ont affaire dans les campagnes à des menuisiers qui travaillent très-bien du reste, mais qui n'entendent absolument rien aux couleurs. Votre recette pourra donc alors être pour ces gens-là ou pour celui qui les occupera d'une grande utilité, quand il s'agira de couleurs.

— Cela est vrai, Monsieur le Curé ; je n'avais pas fait cette observation. Elle pourra donc servir plus d'une fois dans diverses circonstances et rendre ainsi de véritables services ; mais je regrette, Monsieur le Curé, qu'il n'en soit pas de même pour la dernière que j'ai à vous communiquer. Celle-ci, je le crains, sera purement spéculative et ne servira de rien pour les usages domestiques.

— Vous vous tromperez probablement encore du bon côté, Monsieur Ariste, comme vous avez déjà fait pour votre recette des couleurs. Vous avez vu qu'on peut en tirer parti ; il en sera de même sans doute pour votre dernière recette.

— Ce n'est pas sûr, Monsieur le Curé ; c'est une recette qui n'est bonne que pour les marchands d'allumettes.

— Vraiment ! c'est donc une recette pour la fabrication de cet article ?

— Tout simplement, Monsieur le Curé; or, comme nous ne voulons pas nous mettre marchands d'allumettes, j'ai donc raison de dire qu'elle est inutile.

— Il est vrai, Monsieur Ariste, que nous ne voulons ni fabriquer ni vendre les allumettes; mais à titre de curiosité, cette recette trouve encore sa place à la suite de celles que je vous ai données. Cette recette, Monsieur Ariste, toute simple et toute inutile qu'elle nous paraisse aujourd'hui, vous aurait fait, il y a cinquante ans seulement, une fortune immense. Par exemple, si vous aviez fait l'expérience de votre découverte dans certaines campagnes, vous eussiez passé pour un véritable sorcier. Quels grands yeux on aurait ouverts, quand tenant à la main une mince baguette, vous en auriez fait jaillir une flamme bleuâtre, par un léger frottement. Au moyen-âge, on vous aurait dit, à cause de la couleur et de l'odeur nauséabonde du phosphore et du soufre : c'est le feu de l'enfer. Apprenez-nous votre recette, Monsieur Ariste, quoique vous pensiez que nous n'en ferons pas usage. L'homme est toujours content d'apprendre, bien que souvent il ne se serve pas de ce qu'on lui a appris. Il en sera peut-être ainsi de votre recette; mais il en sera peut-être aussi autrement. Vous savez que sur les goûts et les couleurs on ne dispute pas ; en ces matières chacun est son juge : de là ce qui pour l'un paraît insupportable est pour un autre plein d'attrait ; ainsi se passent les choses dans ce bas monde.

— Eh bien ! Monsieur le Curé, puisque vous ne la dédaignez pas, je vous donnerai ma recette pour les allumettes chimiques comme mes autres recettes ; en attendant je vais vous parler de celle que j'ai pour empêcher le vin de tourner pendant les chaleurs de l'été.

Elle a été expérimentée plusieurs fois avec un succès qui ne laisse rien à désirer, quelles que soient les caves où l'on on en fait l'essai.

Manière d'empêcher le vin de tourner.

— Monsieur le Curé, si nous voulions faire des jeux de mots, je dirais : le meilleur moyen d'empêcher le vin de tourner, c'est de le boire; comme disait quelqu'un en parlant du mal de dents : le meilleur remède pour n'avoir plus mal aux dents, c'est de les faire extirper. Mais laissons de côté ces facéties, pour dire enfin le véritable moyen à prendre pour empêcher le vin de tourner.

C'est au moment de la floraison de la vigne, au moment où sa sève est en agitation, que le vin se trouve dans la plus grande fermentation.

Elle est d'autant plus à craindre, que c'est elle qui fait tourner le vin. Il faut donc surveiller avec soin cette fermentation pernicieuse, pour la diriger en l'arrêtant ou en la modérant. Quelques personnes prétendent empêcher le vin de se gâter en mettant de la chaux vive dans la cuve au moment où le vin bout. D'autres croient qu'un excellent moyen c'était de mettre par tonneau deux livres de plâtre : ces moyens peuvent avoir un certain succès; mais ils peuvent laisser au vin quelque chose qui le falsifie.

Le moyen le plus sûr et le plus inoffensif pour la santé, est de faire échapper du tonneau, dans le moment de la fermentation, les gaz qui s'y forment et qui sont la cause de la maladie. Ainsi si la fermentation est faible, il suffit de faire un léger trou de foret pour son échappement; si elle est violente, alors il est nécessaire que le fût soit débondé, et peut-être même quelquefois faudrait-il recourir au méchage. Mais comme le vin méché répugne à beaucoup de personnes, on peut à la place employer un autre moyen qui réussira aussi. C'est de bien aérer ses fûts de vin et sa cave ; de brûler chaque soir un peu de soufre en pleine cave, et par cette méthode bien suivie on peut facilement conserver son vin.

On pourrait aussi, au mois de mai, mettre dans chaque tonneau un litre d'esprit de vin, qui aidera à conserver le vin et qui l'améliorera aussi en même temps.

Ces différents moyens employés un à un ou simultanément, ont parfaitement réussi pour la conservation du vin.

Colorations diverses du bois.

Pour donner au bois de menuiserie la couleur bleue, il faut faire dissoudre du cuivre dans de l'eau forte, et brosser le bois à plusieurs reprises avec cette liqueur chauffée ; ensuite on fait une solution de perlasse, dans la proportion de deux onces sur un litre d'eau ; on frotte avec cette solution l'objet qui est couvert de la liqueur de cuivre, jusqu'à ce que la teinte bleue soit parfaite, ce qui ne tarde pas à arriver.

Le procédé pour la teinture jaune consiste à prendre du bois blanc quelconque et à l'enduire à plusieurs reprises avec une brosse trempée dans une teinture de curcuma faite d'une once de cette matière pulvérisée sur un litre d'esprit de vin décanté. Après quelques jours d'infusion, si on veut donner une teinte rougeâtre, on ajoute un peu de résine sang-dragon ; on peut aussi teindre le bois en jaune avec de l'eau forte, qui quelquefois donne une belle teinte ; mais elle est sujette à porter au brun. Il faut prendre garde que l'eau forte ne soit pas trop concentrée ; car elle noircit le boit.

Pour obtenir la teinture acajou, on emploie la garance, le bois de Brésil et de Campêche. Ces matières produisent un rouge plus ou moins brun, et on les mêle dans des proportions suffisantes pour obtenir la teinte plus ou moins foncée que l'on désire. Cette teinture se fait par décoction.

Lorsque l'on veut teindre le bois en noir, il faut brosser le bois à plusieurs reprises avec une décoction chaude de bois de Campêche. On prépare ensuite une infusion de noix de galle, à la proportion de quatre onces de ces noix en poudre sur quatre livres d'eau. On la met au soleil ou à une douce chaleur, pendant trois ou quatre jours, puis on brosse le bois trois ou quatre fois, ce qui lui donne un beau noir.

Pour la teinture pourpre, il faut d'abord frotter plusieurs fois le bois avec une forte décoction de Campêche et de Brésil ; d'une livre du premier bois et quatre onces du dernier dans quatre litres d'eau, qu'on fait bouillir au moins une heure. Quand le bois a acquis un corps de couleur suffisant, on le laisse sécher et on passe dessus une solution d'une drachme de perlasse étendue d'un quart d'eau.

On donne une belle couleur rouge au bois, en faisant une forte infusion de bois de Brésil dans l'urine putréfiée, ou dans l'eau imprégnée de perlasse à la proportion de huit livres sur quatre litres de l'un ou de l'autre de ces liquides. On laisse infuser pendant quatre à cinq jours en remuant souvent ; ensuite on tire au clair l'infusion que l'on fait chauffer jusqu'à ébullition ; on en frotte le bois à cette température, jusqu'à ce qu'il paraisse fortement coloré.

Alors et pendant qu'il est humide on le brosse avec une dissolution d'alun faite dans un litre d'eau à la proportion de deux onces.

Pour un rouge moins vif, il faut dissoudre une once de sang-dragon dans une bouteille d'esprit de vin, et on brosse le bois jusqu'à ce que la teinte paraisse de la force désirée. Ceci est plutôt un vernis qu'une couleur.

Pour teindre en rose, il faut ajouter dans deux litres d'infusion de bois de Brésil, une once de perlasse de plus que pour teindre en rouge ; et l'emploi de cette couleur est le même.

On peut rendre la couleur plus pâle en mêlant davantage de perlasse et en faisant l'eau d'alun plus forte.

Pour teindre le bois en vert, il faut faire dissoudre du vert-de-gris dans l'eau ; on brosse le bois avec cette dissolution chaude jusqu'à ce qu'il ait la teinte qu'on désire lui donner.

A toutes les différentes couleurs que je viens d'énumérer on peut donner un éclat des plus vifs et un brillant de toute beauté; pour cela on n'a qu'à passer avec un pinceau ou un linge sur le bois coloré, le vernis dont je donne la composition ici.

Comme tout copal n'est pas propre à faire le vernis blanc, il faut le choisir avant tout. A cet effet, on verse sur chaque morceau de copal que l'on veut employer, une goutte d'huile essentielle de romarin bien pure et non altérée; les morceaux sur lesquels la goutte d'huile est restée sans effet, c'est-à-dire où elle n'a pas ramolli la partie où elle est tombée, ne doivent pas être employés.

On pulvérise ensuite les morceaux de copal jugés bons; on le passe à travers un tamis de soie fine, et on le met à l'air dans un verre, à la hauteur d'un travers de doigt au plus ; on verse dessus autant de romarin, et on remue avec un morceau de bois pendant quelques minutes ; le copal se dissout alors sous la forme d'un corps visqueux, et le tout forme une liqueur épaisse. On laisse reposer pendant deux heures ; puis on verse dessus deux ou trois gouttes d'alcool bien pur, qu'on promène sur la masse aqueuse, en inclinant par des mouvements doux le vase en différents sens.

Par ce moyen on parvient peu à peu à incorporer l'alcool au copal. On répète cette première opération toujours de la même manière, jusqu'à ce que le vernis soit arrivé à une liquidité convenable.

Il est bon d'observer que les premières gouttes d'alcool sont les plus difficiles et les plus longues à incorporer, que la difficulté diminue à mesure qu'on approche de la saturation.

Quand le vernis est parvenu au degré de liquidité convenable, on le laisse reposer pendant deux ou trois jours, et lorsqu'il est bien clair, on le décante doucement. Le marc qui reste peut encore être utile en y versant de l'alcool, mais très-peu à la fois, et en procédant comme je l'ai déjà dit pour le faire incorporer.

Ce vernis se fait à froid ; il est très-limpide et sans couleur. On l'emploie facilement et avec grand avantage sur le carton, le bois et les métaux ; il se travaille et se polit avec facilité et mieux que tous les autres vernis connus. On le place sur les peintures dont il renforce le vif des couleurs et relève singulièrement les beautés.

Ce vernis, peu coûteux et facile à faire, est très-supérieur au vernis copal ordinaire que vendent les marchands-droguistes à un prix passablement élevé.

Recette pour faire les Allumettes chimiques.

On met dans une petite fiole à large ouverture, quatre grammes de phosphore ; on y ajoute assez d'huile de térébenthine pour que le phosphore en soit recouvert ; alors on y mêle un gramme de fleur de soufre ; on place la fiole dans de l'eau chaude, et quand le phosphore est fondu, on la ferme avec un bouchon et on agite fortement jusqu'à ce que le tout soit refroidi, puis on fait couler l'huile de térébenthine qui surnage.

On plonge le bout des allumettes dans la bouillie épaisse qui reste, et ensuite quand elles sont presque sèches, on les trempe dans le mélange suivant :

On dissout trois grammes de gomme arabique dans un peu d'eau, on y ajoute deux grammes de chlorate de potasse, et on mélange le tout jusqu'à ce que la masse soit bien homogène.

Alors on y ajoute encore un gramme de suie, laquelle a été broyée d'abord avec un peu d'esprit de vin et une petite quantité d'indigo ou de cinabre, suivant qu'on veut colorer les allumettes en bleu ou en rouge.

En 12 heures les allumettes sont desséchées. Lorsqu'on les frotte sur un corps rude, elles s'enflamment sans détonation.

— Voilà, Monsieur le Curé, comment se font ces allumettes, qui dans le premier temps de leur invention, faisaient l'admiration de tout le public. Aujourd'hui, elles sont tombées dans le domaine des choses communes, et tout en étant de quelque utilité à l'homme, elles lui sont parfois très-nuisibles, surtout quand elles tombent entre les mains des enfants, qui tantôt s'empoisonnent, tantôt causent des incendies.

Voici une autre recette non moins surprenante que celle qui précède pour se procurer à l'instant du feu. La première fois que je vis user de ce moyen, c'était quinze ou vingt ans avant l'apparition des allumettes chimiques; je fus passablement surpris et étonné; et qui ne l'aurait pas été comme moi à cette époque? Un monsieur des plus fashionables tire de sa poche, en ma présence, un petit flacon bien bouché; il saisit une petite allumette, l'introduit dedans et la retire aussitôt tout enflammée, à ma grande stupéfaction. Tiens, me dis-je, on porte maintenant du feu dans son gousset! vraiment je ne l'aurais pas cru! mais je me trompe, ce monsieur doit être probablement un des principaux prestidigitateurs de notre temps; il s'exerce à son art sans doute.

Voilà, Messieurs, quel fut mon premier jugement. Tel est le sort réservé à l'homme qui veut raisonner sur des matières qu'il ne comprend pas; il court d'aberrations en aberrations et tombe d'erreur en erreur sans qu'il le pense même. Le souverain maître de toutes choses le permet ainsi, sans doute pour nous apprendre que si nous nous trompons souvent dans les choses de ce bas monde, que ne sera-ce pas, si nous n'avons pour guide que notre orgueilleuse raison dans celles qui sont de son domaine suprême ? Enfin ce qui me paraissait un coup de maître de la part de ce jeune fashionable, est pour moi aujourd'hui une chose toute naturelle et très-simple. Le petit flacon du gousset n'est plus un mystère; j'en connais tout le secret et de plus la véritable composition.

Voici, Messieurs, comment se prépare ce flacon merveilleux, qui à chaque instant peut nous fournir du feu, pourvu que nous veillions à ce qu'il soit bien bouché.

On prend un très-petit flacon en verre dans le fond duquel on met un morceau d'amiante, c'est-à-dire une toile incombustible formée de matières minérales très-déliées. On verse sur cette amiante de l'acide sulfurique en quantité suffisante pour la mouiller, puis on bouche bien hermétiquement le flacon, pour ne pas laisser évaporer le contenu, qui perdrait ainsi sa force et sa propriété.

On fait ensuite de petites allumettes que l'on soufre suffisamment par un bout; puis on empâte ce bout à l'aide d'une eau gommée avec un mélange de soufre et de chlorate de potasse en parties égales. Quand on veut du feu on débouche le flacon en mettant le pouce dessus ; on presse promptement l'allumette ainsi préparée sur l'amiante ; il se produit alors une réaction si vive entre le chlorate de potasse et l'acide sulfurique, que la chaleur qui s'en dégage suffit pour enflammer le soufre. Si l'on veut obtenir cette merveille, il faut, je le répète, ne point laisser évaporer l'acide sulfurique, autrement le contact de ces différentes matières resterait sans effet.

— Je vous remercie, Monsieur Ariste, de vos recettes et de vos considérations. Je vais donc les faire figurer à la suite des miennes et j'espère que le lecteur vous en sera reconnaissant.

Ce n'est qu'en se communiquant ce que l'on sait par expérience, que l'on peut arriver à connaître d'excellentes recettes.

Ainsi, Messieurs, si quelqu'un d'entre vous connaît quelques procédés utiles dont nous n'avons pas parlé, je lui saurai gré de me les communiquer dans cette dernière entrevue.

Recettes de M. l'instituteur Kwinglak.

— Monsieur le Curé, puisque les recettes de

mon honorable collègue vous ont fait plaisir et que vous lui promettez de les insérer dans votre recueil, je puis en augmenter le nombre, si vous le désirez.

— Très-volontiers, Monsieur Kwinglak, et d'autant plus volontiers qu'elles doivent vous venir probablement d'Outre-Manche (ce Monsieur est d'origine anglaise, comme l'indique son charmant nom ; vous savez que tout ce qui vient d'au-delà du détroit n'est pas toujours à dédaigner ; ainsi je m'en vais donc ajouter ces recettes aux miennes, quelles qu'elles soient).

— Vous me dites, Monsieur le Curé, qu'elles doivent venir probablement de l'Angleterre; je n'en sais rien, mais c'est très-possible ; car je les tiens de feu mon grand-père, dont le père avait quitté l'Angleterre sous le règne de la sanguinaire Elisabeth, pour se soustraire aux supplices affreux que faisaient souffrir à ceux qui ne pensaient pas comme eux les farouches sectateurs de la très-tolérante Eglise anglicane.

— Monsieur Kwinglak, qu'elles soient d'origine anglaise ou d'origine française, peu importe ; l'essentiel, c'est qu'elles soient bonnes et puissent être utiles en même temps.

— Je les crois l'un et l'autre, Monsieur le Curé ; au reste, vous allez en juger.

Recette pour faire un Lessivage bon et peu coûteux.

— Monsieur le Curé, quoique le lessivage soit du ressort des ménagères et leur affaire spéciale, il est permis cependant de s'en occuper quand on peut l'améliorer, le rendre moins coûteux, plus facile à faire, et plus avantageux pour le linge.

Or, c'est ce qui a lieu par le procédé qui m'a été indiqué; donc il faut l'adopter et laisser de côté l'ancien système de lessivage.

Voici comment on procède : on met dans une marmite, sur le feu, trente litres d'eau, dans laquelle on fait dissoudre un demi-kilog. de savon commun, que l'on coupe par morceaux.

Quand le savon est bien dissous et avant que l'eau soit bouillante, on la verse dans un grand vase ou baquet, et on y ajoute 9 grammes d'essence de térébenthine et 20 grammes d'ammoniaque liquide ou alcali volatil.

On bat le tout avec un petit balai en bois pendant deux ou trois minutes ; cela fait on y met autant de linge qu'il en peut tremper, et on l'y laisse de trois heures et demie à quatre heures.

Après quoi on passe le linge en revue. On frotte avec soin entre les mains les parties où il y avait de la saleté, soit des taches. On tord légèrement chaque pièce et on porte le tout au lavoir. On rince en frottant sans effort et sans savon, puis on passe au battoir jusqu'à ce que le linge ait acquis une parfaite blancheur, ce qui du reste a lieu très-promptement.

Ce procédé a l'avantage : 1º de supprimer le coulage de la lessive, qui dure pour le moins un jour ; 2º d'être très-économique, puisqu'il ne faut presque pas de bois, et qu'il ne faut tout au plus que pour 12 à 13 sous d'ingrédients. L'alcali volatil coûte de 1 franc à 1 fr. 50 centimes le litre. L'essence de térébenthine de 1 fr. 50 à 2 fr. le litre ; 5º de réduire la main-d'œuvre de plus de moitié, car on rince le linge en trois fois moins de temps qu'il n'en faut par le procédé ancien ; 4º de ménager le linge, qui n'a pas besoin d'être battu et frotté comme pour la lessive ordinaire.

Le seul désavantage qu'il y ait, c'est que ce

nouveau procédé n'enlève que très-imparfaitement les taches de vin ou de fruit ; mais il y a un moyen bien simple de les faire disparaître facilement, c'est, quand le linge est sec, de mettre ces taches sur la vapeur de l'eau bouillante et de les saupoudrer avec un peu de sel d'oseille quand elles sont humectées de vapeur ; on frotte tant soit peu et la tache disparaît à l'instant.

Recette pour l'encre de différentes couleurs.

Je connais un moyen bien simple, Monsieur le Curé, de faire d'excellente encre, qu'on peut appeler inaltérable ; on peut par ce moyen en composer de trois couleurs différentes, de la noire, de la bleue et de la rouge. Voici le procédé :

Pour la noire, on fait bouillir une chopine d'eau, on la retire du feu, et un petit instant après, on y met 50 grammes de vitriol romain, autant de gomme arabique et 75 grammes de **noix de galle**, le tout bien concassé ; on y ajoute 40 grammes de sucre, et on couvre bien le pot. On laisse infuser pendant 5 jours et l'encre est faite.

Pour la bleue, on fait bouillir la même quantité d'eau, on met les mêmes ingrédients que dans la précédente, la seule chose que l'on supprime est la noix de galle et le vitriol, que l'on remplace par du bleu de Prusse pulvérisé. On laisse infuser comme pour la noire.

Pour la rouge, on la fait de la même manière, en mettant infuser à la place de la noix de galle, du vitriol et du bleu de prusse, une bonne poignée de bois de Brésil ou de racine de garance.

Voilà, Monsieur le Curé, ma recette pour l'encre, et qui m'a toujours bien réussi ; en voici une autre excellente.

Recette pour repasser les rasoirs.

Vous avez dû voir, Monsieur le Curé, une certaine pâte que l'on mettait sur les cuirs de rasoirs et qui les faisait couper d'une manière étonnante après les avoir 12 ou 15 fois passés et repassés dessus.

Voici la manière de la composer: on prend 125 grammes de rouge d'orfèvre, 8 grammes d'essence de citron et une quantité suffisante de graisse de cochon, le tout mêlé ensemble. On en fait une pâte dure que l'on met en bâtons.

Quand on veut s'en servir, on en met un peu sur le cuir du rasoir ou sur une règle de bois assez large et très-unie. On passe fortement dessus 15 ou 20 fois le rasoir.

Recette pour faire de bonne bière à 5 c. le litre.

On prend 25 litres d'eau, un quart de livre de houblon, 2 kilogr. de son de froment et un kilogr. de fécule. On fait sécher le son au four pendant une demi-journée, quand on tire le pain; on le fait bouillir ensuite deux heures dans 25 litres d'eau. On tire au clair, on y met la fécule et le houblon, que l'on fait encore bouillir deux heures ; puis on laisse refroidir et on met de la levure de bière, pour faire fermenter, dans un petit tonneau que l'on ne bouche pas.

— Voilà, Monsieur le Curé, toutes mes recettes.

— Je vous remercie bien, Monsieur Kwinglak. Elles méritent l'honneur de siéger auprès de celles de votre honorable collègue. Votre tâche est finie, Messieurs, la mienne aussi. Si mes recettes et les vôtres vont à la postérité, Dieu veuille qu'elles soient utiles pour ceux qui les connaîtront. Nous en serons bénis, au lieu d'en être maudits, comme le sont les inventeurs des choses pernicieuses.

— Si la recette que je viens de vous donner, Monsieur le Curé, vous paraît par trop compliquée pour être mise en pratique, je puis vous gratifier d'une autre extrêmement simple. qui, sous tous les rapports, ne laisse rien à désirer.

Cette précieuse recette m'a été donnée par un frère de la congrégation des Sacrés-Cœurs de Picpus. Les religieux de cet ordre, qui en font usage depuis fort longtemps, en sont plus que satisfaits sous le rapport de l'économie et de la salubrité.

Le prix de revient est presque insignifiant;

la bière est d'un goût exquis pour les amateurs de cette boisson ; de plus il est constaté que la bière composée ainsi est une des plus raffraîchissantes dans les grandes chaleurs de l'été et l'une des plus salutaires pour l'entretien de la santé et de l'embonpoint. Elle est extrêmement mousseuse et fait partir violemment le bouchon de la bouteille, si l'on n'y prend garde.

Voici comment on procède pour obtenir cette excellente boisson, qui ne revient qu'à quelques centimes le litre. On prend trois kilogr. et demi de mélasse ou de cassonnade, une demi-livre de houblon, demi-once de fleurs sèches d'oranger et un litre de bon vinaigre ordinaire rouge ou blanc. On mêle le tout ensemble dans une demi-barrique défoncée, contenant à peu près cent litres d'eau, et on couvre ensuite avec une toile assez forte ou un couvercle léger. Deux fois par jour on remue fortement avec un bâton ce mélange, qu'on fait macérer trois jours en été et quatre en hiver. Ce temps écoulé, on met en bouteilles ; on ficelle fortement les bouchons et on met en piles les bouteilles, qu'on laisse ainsi 5 jours ; puis on les met debout jusqu'à ce qu'on les vide.

On peut, quand on fabrique la boisson tous les jours, économiser un quart de houblon, en mettant un peu d'eau sur le houblon qui a déjà servi et l'y laissant trois heures. Cette eau peut être employée pour la nouvelle boisson. Pour accélérer la fermentation en hiver, on ajoute une poignée ou deux de houblon qui a déjà servi, ou bien un peu de levure de bière.

Quand on veut faire la bière, il faut bien laver la barrique, à moins qu'on s'en serve tous les jours : alors on n'a pas besoin de la laver, parce qu'elle aide puissamment, dans ce cas-là, la fermentation. Cette boisson peut se conserver six mois sans se corrompre.

Inutile de dire, je pense, que l'on peut faire chaque fois une quantité plus ou moins considérable de bière, pourvu que l'on observe rigoureusement les proportions données. Dix jours en été suffisent pour que cette boisson soit parfaitement faite ; en hiver il en faut quinze ou vingt.

Conservation de la pêche et autres fruits.

Quoique les trois recettes suivantes, qui me

sont tombées pour ainsi dire sous la main par un effet du hasard, fussent dans le principe entièrement étrangères à ce recueil donné ici, elles m'ont paru néanmoins à cause de leur parfaite similitude avec les précédentes, pouvoir très-bien figurer dans ce livre. En conséquence je me fais un devoir de les insérer à la fin de ce recueil, dans l'intime conviction qu'en les portant à la connaissance du public, elles pourront lui être de quelque utilité dans certaines circonstances de la vie.

La première de ces recettes est celle qui a pour objet la conservation de la pèche, de l'abricot et d'autres fruits de ce genre. Comme je n'ai pas eu jusque-là occasion de faire essai de cette recette, il ne m'est donc pas permis encore de me prononcer définitivement là-dessus ; cependant j'ai tout lieu de croire que cette recette peut réussir à souhait. La raison sur laquelle je m'appuie est tirée de ce que c'est par l'action de l'air que les matières végétales et animales se décomposent et pourrissent insensiblement. Quoi qu'il en soit de cette recette, voici comment s'exprime à ce sujet la personne qui a eu l'extrême obligeance de me la communiquer.

« La pèche et l'abricot, dit-elle, ces deux fruits si beaux, si ravissants à l'œil, si agréables, si flatteurs au goût et d'un effet si enchanteur et si séduisant sur une table bien servie, n'avaient pu jusqu'à cette heure être conservés que dans de l'alcool et de l'esprit de vin; encore ce moyen ne leur laissait-il, pour ainsi dire, aucune de ces qualités délicieuses qui les font tant estimer des connaisseurs et amateurs de fruits. Eh bien ! un moyen infaillible, simple et peu dispendieux a été découvert dans ces derniers temps pour conserver intacts leur fraîcheur et leur bon goût. Voici dans toute sa simplicité le procédé de ce précieux secret :

Il faut cueillir le fruit un peu avant sa maturité complète; on le choisit bien sain et on évite avec soin en le cueillant de le toucher avec les doitgs; il faut le prendre légèrement avec une feuille de vigne. On l'enveloppe ensuite avec un morceau de toile bien sèche, ou encore mieux avec de la filasse dont on laisse une espèce de queue de quatre à cinq centimètres de longueur.

On fait ensuite fondre une quantité suffisante de cire vierge au bain-marie, et quand elle est bien chaude, on plonge très-rapidement le fruit dans la cire qu'on laisse se figer à l'air. On renouvelle cette opération jusqu'à ce que la couche de l'enduit ait une épaisseur de deux à trois millimètres.

Quand ce travail est terminé, c'est-à-dire quand le fruit est complètement recouvert par l'enduit de cire, on le place par douzaine ou demi-douzaine dans des boîtes remplies de son de froment, de manière à ce que les fruits soient isolés et ne se touchent point. On ferme ensuite chaque boîte que l'on calfeutre avec des bandes de papier collées sur les jointures pour empêcher l'air de pénétrer, et puis on les place enfin dans un endroit bien sec, de moyenne température.

On pourra, grâce à cet excellent procédé, qui n'a absolument rien de difficile, manger en janvier et février, etc., des fruits aussi frais, aussi beaux, aussi bons que si l'on se trouvait encore dans la saison des pêches et des abricots. Ce procédé, dit-on, a été expérimenté avec plein succès.

Ainsi les efforts et les progrès des sciences et découvertes modernes ne pouvant nous donner un printemps éternel, nous donnent en revanche la satisfaction et le plaisir véritable de savourer dans toute leur fraîcheur et auprès d'un bon feu, dans le fort même de l'hiver, des fruits exquis et délicieux dont nous ont fait présent un été et un automne déjà loin de nous. Ce qui est dit ici sur la conservation de la pêche et de l'abricot peut très-bien s'appliquer aussi, ce me semble, pour la conservation de la prune, de la figue, de la cerise, de la fraise et même du melon.

Au reste, il est facile de faire ces essais et on pourra savoir alors si les résultats en sont satisfaisants et méritent qu'on s'en occupe.

Moyen pour obtenir un lait végétal excellent.

Combien on est exposé à se tromper ici-bas, malgré tout ! Jusqu'à ce jour, j'avais cru, bien entendu, comme tout le monde, que pour avoir le plaisir et la satisfaction de prendre une tasse de café au lait, il fallait se trouver dans un pays qui nourrît des bêtes à cornes ; erreur ! illusion ! il n'en est rien. Il paraît que l'on peut très-bien se passer à la rigueur du secours de ces ruminants pour se procurer un lait assez bon. Quelle bonne fortune pour Messieurs nos citadins et Mesdames nos citadines, qui chaque matin prennent leur café ! Ces dernières surtout ne seront plus dans ces transes terribles où les tenait la crainte chaque jour qu'on leur vendît du lait de vieilles vaches poussives et malsaines, ou ce qui est pis encore composé de fleur de farine et de cervelles de cheval ou d'autres animaux. Ce lait végétal, qui a l'avantage de ne renfermer dans sa substance aucun principe morbide ou malfaisant comme le lait de mauvaises vaches, s'obtient par un procédé simple et facile, sans avoir rien de bien dispendieux. Voici ce que l'on fait.

On prend une livre d'amandes douces cassées sans être nullement écrasées ; on les met dans de l'eau bouillante pendant quelques minutes pour les monder, c'est-à-dire pour enlever cette pellicule rousse dont elles sont recouvertes. Cela fait, on les met dans un mortier en pierre ou en bois pour les piler finement et les réduire en une espèce de pâte. Il est à remarquer qu'il faut en pilant les amandes verser dessus un peu d'eau chaude de temps en temps, autrement elles se convertiraient facilement en huile.

Quand les amandes sont réduites complètement en pâte, on y ajoute une livre de sucre que l'on mêle exactement ; puis l'on met cette pâte dans un petit pot que l'on couvre bien d'une toile ou d'un papier ; de cette manière cette pâte peut se conserver six mois. Quand on veut prendre une tasse de café au lait on fait bouillir un litre d'eau dans lequel on délaye parfaitement deux fortes cuillerées à bouche de cette pâte, et le lait végétal se trouve ainsi composé.

Il est d'un goût très-agréable et légèrement aromatisé; il est adoucissant et très-salutaire à la santé ; ce qui peut surtout lui attirer des amateurs, c'est qu'il est beaucoup moins pâteux et plus délicat que le véritable lait.

Ce que vous dites de ce lait végétal peut être vrai pour prendre le café, dira-t-on ; mais s'il s'agissait de l'employer à quelque autre usage, serait-on sûr de réussir ? Il est vrai, il faut l'avouer, que la chose pourrait être difficile, surtout s'il s'agissait de faire une soupe au lait. Or voici ce qu'il y aurait à faire dans ce cas-là sans employer de lait.

On fait un bouillon au beurre frais ; quand il bout, on verse dedans un jaune d'œuf frais qu'on a bien délayé avec deux cuillerées d'eau. En versant il faut avoir soin de bien remuer le bouillon avec une cuillère et ne plus laisser bouillir ; puis on verse son bouillon sur des morceaux de croutes bien cuites et tirées d'un pain de ménage de froment.

Cette soupe ressemble parfaitement à la soupe au lait ; elle a sur celle-ci l'avantage d'être moins pesante, plus fortifiante, meilleure au goût et plus salutaire pour la santé. Elle est, comme l'on voit, facile à faire et peu coûteuse.

Préparation d'un bon Vinaigre.

Comme presque tout le vinaigre qui nous vient du commerce est fabriqué avec des acides vitrioliques ou autres, qui sont d'un funeste effet pour la santé, quand il ne la détériorent pas d'une manière irréparable, voici, pour obvier à cet inconvenient, une recette pour composer soi-même un excellent vinaigre.

On prend six verres d'eau commune, un verre d'alcool qui soit pur et deux verres de bon vinaigre ordinaire ; on mélange ces trois liquides ensemble, et on les expose, en donnant accès à l'air à une température de dix-huit degrés Réaumur. Au bout de six ou huit semaines, on obtient ainsi un fort vinaigre d'une saveur excellente et d'une entière innocuité.

Pour avoir toujours en même quantité ce vinaigre ainsi préparé, il suffit de l'augmenter de temps en temps avec du vin en petite quantité, c'est-à-dire un quart de verre à la fois et à cinq à six jours de distance.

Conservation des Œufs.

Un procédé extrêmement simple nous ayant été indiqué pour la conservation des œufs, nous l'enregistrons ici, convaincu qu'il pourra être pour plusieurs d'une grande utilité. Avant de le communiquer au public, nous avons voulu en faire l'essai pour voir quel en serait le résultat ; il a été des plus satisfaisants ; des œufs ayant plus de neuf mois ont été cassés et trouvés dans le même état que s'ils n'avaient été que de la veille. Ces œufs étaient dans un état tel de conservation, que cuits à la coque, tout le monde les a pris pour des œufs frais. Pour les conserver ainsi, il faut mettre un litre de chaux vive dans cinq litres d'eau ; on couvre cette eau après l'avoir bien remuée pour qu'elle devienne bien blanche. 24 heures après on la verse doucement dans un pot ou autre vase ou l'on a mis auparavant 120 œufs.

Il faut que l'eau puisse couvrir tous les œufs ; quand on veut s'en servir, on les tire un à un avec une cuiller.

Secret pour composer soi-même un Baromètre.

Comme le baromètre ne se trouve à cause de son prix élevé, que chez un petit nombre d'amateurs aisés, nous avons pensé être agréables à nos lecteurs de leur indiquer un moyen très simple pour composer eux-mêmes et à peu de frais un baromètre d'une justesse et exactitude aussi précises que celles des baromètres-mercure vendus par la spéculation.

Voici ce qu'il y a à faire; on prend un demi-gramme de sel ammoniaque, un demi-gramme de salpêtre et un demi-gramme de camphre ; on fait dissoudre séparément ces trois substances dans de l'eau-de-vie pure de dix-huit degrés au moins, ce qui a lieu assez promptement pour les sels, mais beaucoup plus lentement pour le camphre ; pour activer la dissolution de cette dernière substance, on met le petit pot qui la renferme avec une quantité suffisante d'eau-de-vie, dans de l'eau bouillante.

Ces trois matières étant complètement dissoutes, on les met ensemble dans un flacon oblong ou une fiole que l'on ferme ensuite hermétiquement avec un bouchon sur lequel on fait fondre de la cire à cacheter. Cela fait, on pend le flacon ou fiole a l'air de manière à ce qu'il soit exposé au nord, et puis les modifications suivantes subies par ce liquide indiquent le changement de temps.

Un liquide limpide et clair indique le beau temps. — Un liquide troublé la pluie : — Une espèce de glace au fond du flacon : un air lourd, ou la gelée selon la saison. — Un liquide troublé et parsemé de petites étoiles indique la tempête ; s'il y a gros flocons, l'air sera lourd ou couvert, ou bien il neigera sous peu selon la saison. — Des filaments dans la partie supérieure du liquide sont un signe certain de vent. — De petites pointes dans le liquide indiquent un temps humide et nébuleux. — Si les flocons montent et se tiennent sur la surface du liquide, c'est signe qu'il y aura du vent dans les couches d'air supérieures. — De petites étoiles en hiver par un soleil brillan sont les avant-coureurs de la neige qui surviendra le premier jour ou le lendemain.—Plus la glace qui paraît au fond du flacon monte, plus le froid augmente.

Cette petite découverte qui date de quelques années seulement remplace à merveille le baromètre.

Moyen pour garantir des mouches les animaux domestiques.

Tout le monde sait que les grandes chaleurs exposent nos pauvres animaux domestiques à des essaims de mouches, de guêpes, d'insectes très-incommodes, dont les nombreuses piqûres les exaspèrent et les mettent en fureur, au point de faire courir de graves dangers aux gens qui les approchent.

Désire-t-on écarter les mouches d'un cheval, d'un bœuf, ou d'une vache? voici un moyen très-facile et qui réussit à merveille: il suffit de leur imbiber la peau, ou seulement les endroits les plus sensibles aux piqûres, avec une décoction d'aloès, ou de feuilles de noyer, ou de laurier, ou de tout autre végétal amer, et de renouveler cette lotion fortement toutes les fois que cette engeance incommode revient à la charge ; de cette manière on préserve ces pauvres animaux dont les tortures excitent la compassion au milieu des grandes chaleurs de l'été.

AVIS.

Presque toutes les plantes indiquées dans ce recueil se trouvent dans les jardins, les champs et la campagne ; l'essentiel c'est de savoir les connaître.

Dans le cas où l'on ne connaîtrait pas ces plantes, on les trouvera chez tous les pharmaciens, ainsi que tous les remèdes et drogues composés d'essences et tirés de différents minéraux que recèle le sein de la terre.

PETIT TRAITÉ

SUR

Ces Maladies extraordinaires auxquelles le vulgaire, à tort ou à raison, a donné le nom de Maléfices.

—

Plusieurs personnes nous ayant prié instamment de mettre ce petit traité à la fin de ce recueil, nous nous conformons donc à leur désir, en accédant d'autant plus volontiers à leur demande, que pour un bon nombre de lecteurs cette matière est toujours palpitante d'intérêt et pique la curiosité ; de plus ce petit traité trouve naturellement sa place ici, par la raison qu'il a été trouvé a la même source que ce qui précède et que c'est toujours l'auteur des Remèdes et des Recettes qui va dire lui-même, dans un entretien familier avec un jeune prêtre, ce qu'il pense de ces maladies extraordinaires, où la science médicale s'évertue inutilement et perd tout son latin.

Quoique toutes nos prétentions soient de

faire une simple exposition, on nous permettra cependant d'avouer ici quel était était notre symbole de foi là-dessus.

Pas un autre peut-être n'a été plus sceptique que nous à cet égard. Nous avons poussé l'incrédulité à ses dernières limites ; nous nous moquions de ceux qui nous entretenaient de ces sortes de choses ; nous les tournions en ridicule par de piquants quolibets. Nous n'avions pas pris la peine d'étudier cette question en la tournant et retournant en tous sens ; c'était de mode, de bon ton et admis par tout le monde de nier formellement ce qu'on se plaît à appeler les vieux préjugés du moyen-âge, enfantés par l'ignorance, l'amour du merveilleux, et le fanatisme de ces temps ; cela nous suffisait pour porter un jugement sans appel dans une si difficile et si délicate question.

Voilà l'orgueil de l'homme ! plus il est ignorant, plus il croit savoir.

Enfin ces idées se sont un peu modifiées; plus tard nous avons été témoin de choses si frappantes et si extraordinaires, que nous nous sommes dit, dans l'impossibilité de les expliquer et de les comprendre : Ce bon curé avait raison de dire qu'il y a des maladies extraordinaires où la science médicale ne voit absolument rien et se trouve aux abois.

Mais revenons au sujet qui nous occupe, et écoutons ce que dit ce vénérable vieillard :

— Monsieur l'abbé, quoique nous soyons dans un siècle que l'on appelle le siècle des lumières, le siècle de la science, du progrès et de la raison, il y a encore une de ces vieilles croyances du moyen-âge très-vivace dans le peuple des campagnes ; croyance tellement enracinée en lui, que rien au monde n'est capable de la lui arracher.

Nos philosophes impies et athées ont porté de rudes atteintes à sa foi, sous prétexte de détruire en lui ce qu'ils appelaient des préjugés et du fanatisme ; mais ils n'ont fait par là qu'augmenter sa superstition et ses vices ; tant il est vrai de dire que le besoin d'un culte est indispensable à l'homme ; si ce n'est pas à Dieu qu'il le rend, ce sera nécessairement aux démons qu'il le rendra, et alors ses brutales passions seront divinisées pour lui et deviendront son idole chérie.

Cette assertion est tellement vraie, que c'est là où la foi est presque éteinte, là où le peuple est plus vicieux et plus immoral, qu'il a une foi plus forte et plus grande dans les sorciers et les magiciens, ces imposteurs et charlatans d'une nouvelle espèce, ou plutôt ces dignes fils de ces empoisonneurs du moyen-âge.

Le peuple, qui souvent a une foi chancelante pour nos grandes vérités de la religion, croira sans peine au prétendu pouvoir d'un crétin et d'un polisson. Il vous dira, après avoir consulté tous les empiriques du voisinage, qui lui auront escamoté son argent et se seront moqués de lui, il vous dira avec la conviction la plus profonde : Monsieur le Curé, on a jeté un sort sur mes bêtes ; elles ne font que beugler et courir, sans savoir où elles vont ; elles ne veulent plus manger, elles ne donnent plus de lait, ou (si elles en donent), nous ne pouvons plus faire ni beurre ni fromage ; elles sont malades ; elles vont toutes périr ; les médecins n'y connaissent rien, etc. ; veuillez donc, s'il vous plaît, faire quelque chose pour arrêter tout cela ; on nous a dit que vous le pouviez si vous le vouliez ; nous vous en supplions, venez bénir nos étables et nos animaux. Que faire, Monsieur l'abbé, dans ces circonstances ?

Que faire ? Il faut dissuader fortement vos gens ; il faut leur faire voir qu'ils peuvent se tromper, comme cela n'arrive que trop souvent malheureusement. Il faut bien faire comprendre que la maladie de leurs bêtes peut venir du fourrage, de l'eau qu'elles boivent ou de la mauvaise tenue de l'écurie.

Vous pouvez ajouter : Je ne puis rien faire à cela, mes amis, absolument rien ; mais pour vous contenter et vous être agréable, j'irai bénir vos bêtes et vos écuries.

De cette manière un pasteur fait plaisir à ses paroissiens sans que sa conduite soit aucunement blâmable : 1° parce qu'il n'entretient point ce que l'on se plaît à appeler superstition ; 2° parce qu'il ne nie pas formellement l'existence du maléfice ; 3° parce que l'Eglise n'a jamais défendu que je sache à ses ministres de bénir ceux qui leur en font l'humble demande.

Dans des questions aussi ardues que celle-ci, Monsieur l'abbé, il ne faut pas s'aventurer à vouloir trancher la difficulté. Tout rejeter serait aussi téméraire et absurde que tout admettre ; il faut donc garder un juste milieu entre l'incrédulité absolue et une crédulité aveugle. Nier tout serait s'exposer à attaquer la foi. Tout croire serait faire preuve de petitesse d'esprit.

Ce dernier écueil n'est guère à craindre, car nous vivons dans un temps où le courant des idées philosophiques modernes a tout envahi; aussi il n'est pas rare aujourd'hui de trouver une foule de personnes très-instruites et fortement attachées à la religion, qui vous riront au nez et hausseront les épaules si vous leur parlez de surnaturel diabolique. Vous leur dites : mais voyez donc ces faits extraordinaires rapportés dans l'histoire ecclésiastique et dans la vie des saints. — Ceci, repondent-elles, s'est passé dans des temps d'ignorance et de barbarie ; au reste, rien n'en prouve l'authenticité ; ce sont de purs mythes.

Mais, leur réplique-t-on, tous ces faits merveilleux et extraordinaires que nous rapportent le Nouveau et l'Ancien Testament ne sont donc pas authentiqués; ce sont des mythes aussi ?

Or, comme il s'agit ici d'un point de dogme que l'on ne peut pas heurter de front sans faire une brèche à sa foi, elles vous disent : Cela a été, mais cela n'est plus ; nous ne nions pas la possibilité de ces faits ; mais nous nions formellement leur réalité actuelle. — Quelles preuves pourriez-vous donner à l'appui de ce que vous avancez? — Pour cela il n'y a pas besoin de preuves ; il suffit du bon sens et de la raison pour en démontrer l'absurdité. — Voilà une preuve qui ne coûte certes pas beaucoup de frais d'érudition ; aussi la prends-je pour ce qu'elle vaut.

Quoi qu'il en soit de ces preuves du bon sens et de la raison, Monsieur l'Abbé, voici les moyens que j'emploie quand je suis appelé pour bénir des animaux ou des étables, moyens que l'on m'a assuré avoir presque toujours réussi.

Avant tout, et ce qui le plus souvent seul suffit, je fais nettoyer complètement les écuries; je fais changer d'étable les animaux malades, après avoir fait faire quelques fumigations de genevrier ou d'autres plantes aromatiques mêlées d'un peu d'encens, tant dans le lieu qu'ils quittent que dans celui qu'ils vont habiter provisoirement. Je recommande ensuite de donner à chaque bête malade une chopine de vin dans lequel je fais mettre une poignée de sel, une pincée de poivre moulu, et un verre d'infusion d'herbe de ruë et de sauge.

Quand on me dit : Monsieur le Curé, notre vache ne donne presque plus de lait, et encore il nous est impossible d'en tirer parti; alors je lui fais donner une chopine de lait, dans lequel on fait bouillir une poignée de feuilles de fenouil et une forte pincée de semences d'orties, deux plantes excellentes pour augmenter la quantité de lait et améliorer sa qualité.

Si ce moyen ne produit aucun effet, je fais frictionner les mamelles de la bête malade avec de l'eau salée ou de l'eau-de-vie et cela plusieurs fois; de plus je fais donner à jeûn à la bête malade un litre de lait tiède dans lequel on a mis un verre de graine de fenouil. Si le remède n'opérait pas dans les 48 heures après l'avoir administré, il faudrait renouveler la dose et même la réitérer jusqu'à trois fois.

Si l'on me dit : Nos animaux ne veulent pas manger et maigrissent chaque jour à vue d'œil, je leur fais préparer, dans un pot assez grand, un breuvage composé d'herbe de ruë, d'absinthe, de sel, une poignée de chaque, une pincée de poivre, deux verres de vinaigre et une bouteille de vin. On trempe soir et matin dans ce po un pinceau fait avec un chiffon de linge et on en frotte fortement en dehors et en dedans la bouche des bêtes malades.

Quand l'emploi de ces moyens reste sans effet, alors je me transporte de nouveau sur les lieux, pour bénir les écuries et les animaux. Je m'y rends sans bruit et sans éclat, en simple particulier, c'est-à-dire sans être muni de mes ornements sacerdotaux ; j'y vais en élevant mon cœur et mon âme à Dieu, et en me pénétrant fortement de cette puissance sublime que le Sauveur du monde donna à ses disciples et à leurs successeurs de chasser les démons et de guérir les maladies ; *Dedit illis virtutem et potestatem super omnia dœmonia, et ut languores curarent.*

Je prends dévotement de l'eau bénite et j'en asperge les écuries et les animaux ; il suffit de demander à Dieu mentalement que cette bénédiction produise l'effet qu'on se propose, c'est-à-dire que l'état des animaux redevienne ce qu'il était avant leur maladie. Il faut de plus avoir une volonté ferme et irrésistible mentalement, pour détruire et anéantir complètement tous les effets d'un maléfice, si maléfice il y a.

Cela fait, je recommande aux gens de la maison de faire une neuvaine que je fais moi-même de mon côté en l'honneur du Sacré-Cœur de Jésus et de Marie. Je demande mentalement le secours et l'intercession de St. Michel, de St. Antoine et de St. Ubalde, en bénissant du pain et du sel, que je recommande de faire prendre aux animaux malades.

La chose à laquelle je tiens beaucoup et qui m'est d'un très-grand secours, c'est que tous les gens de la maison mènent une vie régulière et une conduite chrétienne ; c'est là ce que j'appelle le *tu autem* de la chose pour réussir.

Ces prières et ces bénédictions ne sont pas, qu'on se le rappelle bien, dans ces circonstances et d'autres semblables, des superstitions, mais bien des usages louables et pieux établis par les premiers chrétiens eux-mêmes et autorisés ensuite par l'Eglise dans le cours des siècles, comme nous l'apprend l'histoire ecclésiastique.

Tout n'est pas dit sur cette matière, Monsieur l'Abbé; j'ai encore à vous parler d'un autre traitement, celui de l'homme qui se croit sous l'influence d'un maléfice ou d'un sortilége; traitement dont le succès est chanceux à raison de l'idée fixe du pauvre malade et de son imagination frappée.

Quand je suis appelé auprès de certaines personnes qui ont de ces maladies extraordinaires que l'on ne peut ni comprendre ni expliquer, de ces maladies qui poussent le patient à mille extravagances, je me garde bien d'y voir tout-à-coup un maléfice et des opérations diaboliques ; il me faut auparavant de fortes preuves morales et matérielles qui me démontrent péremptoirement la chose.

Je suis loin, et très loin d'être un sceptique ; cependant je ne donne ma foi et ma croyance sans réserve que là où elles doivent être données. Il y a de par le monde tant de dupes et de supercheries, que, hors de l'Evangile, il ne faut croire que ce qu'on a vu, de ses propres yeux vu, comme dit le poète.

Bref, Monsieur l'Abbé, voici ce que je fais dans ces maladies, qui, pour la plupart du temps, ne sont autre chose que des frénésies. Je remonte autant que possible le moral de mon malade ; je l'encourage et cherche à faire renaître en lui la confiance. Je ne le contrarie point ; je lui accorde tout, pour ne pas l'irriter et aggraver son état. Je le fais mettre dans un appartement sombre et ne recevant que peu de lumière ; je fais ôter de devant ses yeux les couleurs trop vives, trop éclatantes, et le rouge surtout. Je lui fais mettre un vésicatoire à chaque jambe, un peu au-dessus de la cheville; sur la tête des compresses en eau froide qu'on doit renouveler à chaque instant; à l'anus des sangsues, si le malade est pléthorique et sanguin. Quand il est d'un tempérament irritable, je lui fais prendre de plus des infusions de feuilles d'oranger, des lavements faits avec une tête de pavot, deux choses excellentes pour calmer le système nerveux, faire reposer et dormir ; enfin je fais appliquer sous la plante des pieds, en forme de cataplasme, de la jubarbe pilée, avec un peu de vinaigre ; remède d'un grand secours dans ces sortes de maladies.

Ou encore je fais mettre sur les tempes et le front du malade un cataplasme de lierre-terrestre cuit à petit feu pendant une heure dans de l'huile d'olive. Le jus de cette herbe, ainsi cuite, est excellent aussi pour frictionner de temps en temps ces mêmes parties.

Voilà, Monsieur l'Abbé, pour la médecine ordinaire et naturelle. Si ces moyens restent infructueux et que je soupçonne avec fondement quelque chose de surnaturel, j'ai recours alors aux remèdes spirituels.

Je prie et fais prier les personnes pieuses pour le malade. Je lui fais prendre pour boisson de l'eau bénite et je fais faire une neuvaine pour sa guérison, en l'honneur des neuf chœurs des Anges. Le premier jour de la neuvaine, je dis une messe en l'honneur de la très-sainte Trinité ; le cinquième jour une messe des cinq plaies de notre divin Sauveur ; et le neuvième jour une messe en l'honneur du Saint-Esprit. Je passe au cou du malade une médaille bénite de la très-sainte Vierge ou le scapulaire, et je recommande en même temps ce pauvre infirme à *Celle* que l'Eglise salue du nom de *Consolation des affligés* et de *Santé des malades* : *Consolatrix afflictorum, Salus infirmorum*.

Ce qu'il faut faire surtout, c'est de préparer le malade à se confesser et à rentrer en grâce avec Dieu. Ce dernier moyen est indispensable ; car le démon n'a de droits sur nos corps que lorsqu'ils sont souillés par le péché ou que Dieu le lui permet pour notre sanctification et

18

notre salut, comme cela arriva au saint homme Job et à d'autres depuis.

Une dernière chose que je fais, c'est de recommander au malade et à toute la famille d'invoquer le secours de tous les saints, principalement des saints qui ont joui pendant qu'ils étaient sur la terre du don de guérir les malades et de chasser les démons. Je recommande aussi de faire des bonnes œuvres, selon ses moyens et ses facultés.

Voilà, Monsieur l'Abbé, les moyens dont je me sers ; vous me permettrez de vous faire observer qu'il faut, autant dans celui qui opère que dans celui sur qui on opère une foi, une confiance très-grandes et un amour sans bornes pour Dieu. C'est de là seul que l'on peut attendre tout le succès, comme nous l'apprend de sa bouche même notre divin Sauveur. *Habete fidem Dei. Si potes credere, omnia possibilia sunt credenti.* Ayez une ferme foi en Dieu. Si vous pouvez croire, tout vous sera possible à vous croyants.

Un de mes amis fait usage d'un autre moyen que le mien ; et ce moyen, m'a-t-il dit, lui réussit toujours ; il se sert d'une précieuse médaille qu'il possède, appelée *Médaille de St-Benoît*. Il donne tout simplement avec une foi vive au malade de l'eau à boire dans laquelle cette médaille a été plongée ; de plus il la place pieusement, en se recueillant et priant pendant quelques instants, sur la poitrine de l'infirme. Il paraît que cette médaille extraordinaire a des effets terribles et immanquables sur les puissances de l'enfer ; effets attestés en différentes circonstances par des faits authentiques et réels.

Un de nos plus grands papes, Benoît XIV, dont la science et le savoir ont répandu tant d'éclat sur la religion et l'Eglise, approuva par un bref du 12 mars 1742, commençant par ces mots : *Cœlestibus Ecclesiæ thesauris*, la vertu de cette médaille et la formule spéciale pour la bénir. Il l'enrichit aussi de nombreuses indulgences par le même bref.

Cette médaille est donc, comme nous le voyons, une arme puissante contre l'enfer; une arme approuvée et enrichie de priviléges par la sainte Eglise romaine. Il serait à souhaiter et grandement à souhaiter que tous les prêtres, à qui Notre-Seigneur a dit, en la personne de ses disciples : *Infirmos curate, Dæmones ejicite* ; guérissez les malades ; chassez les démons. Il serait à souhaiter, dis-je qu'ils possédassent cette précieuse médaille, pour combattre victorieusement et partout l'armée des légions infernales.

Si l'on veut bien maintenant nous permettre d'ajouter notre opinion personnelle à ce que vient de dire ce respectable ecclésiastique, nous dirons que les formules de prières qu'il vient d'indiquer ne nous paraissent pas rigoureusement nécessaires ; que toute autre espèce de prières peut réussir.

L'essentiel est d'avoir 1° une foi vive et une grande confiance dans la miséricorde de Dieu ; c'est de là que dépend le succès de la prière, comme l'assure S. Marc, dans les 22e, 23e et 24e versets du XIe chapitre de son Evangile ; comme nous l'attestent plusieurs faits de l'histoire de l'Eglise, et plus récemment encore les guérisons nombreuses et extraordinaires opérées de nos jours par le prince Alexandre de Hohenlohe, évêque de Sardique. — Nous dirons 2° Que le recours à Notre-Dame de la Salette, à N.-Dame de Séez, à Notre-Dame-des-Victoires, à Notre-Dame de Chartres, à Notre-Dame de Fourvières et autres pélérinages célèbres, est, dans ces sortes de maladies, un des moyens les plus sûrs pour réussir ; plus d'une des personnes que nous connaissons en savent quelque chose : 3° que la médaille dite de St-Benoît a des vertus incontestables pour déjouer les puissances de l'enfer.

Mais où trouver, nous dira-t-on, ce précieux

trésor, qui peut rendre tant de services dans bien des circonstances de la vie? Il doit se trouver probablement dans toutes les maisons de l'ordre de St. Benoît ; puisque ce fut aux religieux de cette congrégation que le pape Benoît XIV donna le pouvoir de bénir et d'indulgencier ces médailles. Ce sont eux sans doute aussi qui s'occupent de les faire frapper. (M. Saudinos, rue Bonaparte, 7, à Paris, en frappe d'une très-belle exécution et de tous les modules, en ce moment.) Nous ne nous étendrons pas davantage là-dessus ; revenons maintenant au discours de notre vénérable vieillard.

— D'après l'exposé extraordinaire et hardi que je viens de vous faire, Monsieur l'Abbé, et auquel vous étiez certainement loin de vous attendre, vous allez me dire : Mais vous n'êtes plus de notre siècle, Monsieur le Curé ! vous croyez donc réellement aux sorciers et aux magiciens?

Je vous répondrai : ce que je crois, c'est que des hommes méchants et pervers, sans foi et sans religion, peuvent, par le moyen de certaines drogues, de certaines plantes, de certaines poudres qu'ils jettent dans les prairies et les breuvages, ou qu'ils placent dans les écuries, les étables et les maisons, peuvent, dis-je, faire du mal aux hommes et aux bêtes.

Si le démon ne leur vient pas en aide dans ce travail occulte, dans ces machinations infernales, ce n'est pas leur faute ; la volonté et le désir de faire le mal ne leur manquent pas. Il est donc bien permis d'opposer à leurs poisons des remèdes et à leurs malédictions des bénédictions et des prières.

Vous allez peut-être ajouter : Mais vous semblez dire que le démon peut exercer une certaine influence sur les personnes et sur les animaux auxquels on aura donné de ces drogues et de ces poudres.

A cela je vous répondrai avec St. Augustin : *In dubiis libertas.* — Quoi, me direz-vous, est-ce qu'il y a quelque chose de douteux là-dessus? n'est-il pas démontré aujourd'hui que tout cela est plus que folie? Vous ne trouverez plus aujourd'hui que quelques rares esprits faibles, qui croiront encore à ces vieilleries des temps d'ignorance que le bon sens de nos jours a détruites pour jamais.

— Vraiment!

— Sans doute, autrement ce serait donner au démon une puissance qu'il n'a pas.

— Vous croyez?

— Et certes ! veuillez prendre la peine de lire l'introduction du gros livre de M. X..... et vous verrez ce qu'en dit ce Monsieur;

— Que dit-il donc de si touchant et de si concluant tout à la fois là-dessus, lui pour qui comme pour tous les autres sa propre existence est un mystère incommensurable et sans fond?

— Il dit 1º, Monsieur le Curé, après avoir flagellé fortement avec le fouet du ridicule ces sottes croyances, que rien ne démontre que Job soit un personnage réel ; et que s'il l'est, son histoire du moins doit être considérée comme une *amplification sublime et des embellissements poétiques* ; 2º que le démon Asmodée qui tua les sept maris de Sara dont il est parlé dans le livre de Tobie, n'est autre chose que le *feu de la concupiscence* que ces jeunes imprudents, qui avaient oublié la loi de Dieu, ne surent pas modérer dans leur transport, et qu'en châtiment, ils trouvèrent la mort là où ils pensaient jouir de la vie ; 3º que les magiciens de Pharaon n'étaient que des *charlatans* et des *joueurs* de *gobelets*, qui faisaient des tours de *passe-passe* et de *gibecière* ; 4º que la pythonisse d'Endor n'était qu'une *ventriloque* qui usa de *fourberie* et de *charlatanisme* auprès de Saül ; 5º que la tentation de Jésus-Christ par le diable n'eut lieu qu'en *pensée*, comme toutes les autres tentations ; 6º enfin que l'on peut très-bien soutenir que ce que l'on appelle *possession du démon*, même celles de l'Evangile, ne sont rien autre chose que des *maladies naturelles*.

— Très-bien, Monsieur l'Abbé ; quelles sont les preuves péremptoires, s'il vous plaît, que fournit ce Monsieur pour appuyer de si belles assertions?

— Aucune, Monsieur le Curé ; mais qu'a-t-il besoin d'en fournir ? c'est la raison et le bon sens qui sont ses guides, comme il le dit, dans ces satisfaisantes explications.

— C'est là, Monsieur l'Abbé, toutes les preuves que ce Monsieur a à me fournir ; eh bien ! je vous jure sur ma raison et mon bon sens que sa guindée opinion n'aura pas mon assentiment ; j'aime encore mieux supposer ou plutôt admettre avec la sainte Ecriture dans les six faits que vous venez de me citer l'intervention réelle du démon, que de faire des hypothèses chimériques appuyées sur aucun fondement. Ce Monsieur, qui ne connaîtra jamais le centième des secrets de ce bas monde, veut expliquer en maître ceux de l'autre ! c'est vraiment incroyable ! Mais que voulez-vous ? c'est la manie des savants d'ériger en dogme ce qu'enfante leur cerveau malade. Quoi qu'il en soit, Monsieur l'Abbé, de toutes ces phrases bien alignées et de ces pompeux raisonnements, je pense vous montrer ce que valent ces assertions hypothétiques et mettre à nu leur duplicité.

— N'allez pas trop vite, Monsieur le Curé, votre victoire pourrait peut-être bien se changer en une défaite. M. X..... vous montrera à l'article *magie* de son gros livre que la puissance du démon n'était pour rien dans cet art trompeur ; il vous dira : 1° que dans toute la *sainte Ecriture il n'y a pas un seul exemple d'opération magique, dont l'effet doive être nécessairement attribué au démon.* 2° *Que les Pères et les théologiens sont presque tous de cet avis* et que *l'Eglise enseigne bien positivement cette doctrine.* Il vous prouvera cela par de longues tirades empruntées des Pères, des conciles et des papes. Il terminera en disant que l'Eglise déclare inefficaces, impuissants, pleins d'erreurs et de mensonges tous les moyens de la magie ; que c'est là sa doctrine et que si quelqu'un en trouvait une autre contraire dans ses décisions, elle ne serait plus alors l'Eglise infaillible.

— Ce serait sans doute dans ce cas-là M. X..... qui prendrait sa place. Quelle belle infaillibilité remplacerait l'Eglise !

— Voici maintenant, Monsieur le Curé, le raisonnement qu'il fait pour prouver que le démon n'a de rapport ni de loin ni de près avec les magiciens. En supposant, dit-il, que le démon puisse répondre aux évocations des magiciens, le veut-il ? le veut-il nécessairement ? En supposant qu'il le veuille, le peut-il de lui-même ? En supposant qu'il le puisse et qu'il le veuille, Dieu le lui permettra-t-il? En supposant que Dieu le lui permette, existe-t-il des moyens propres à atteindre de lui-même ce but ? Voilà, Monsieur le Curé, ce me semble un enchaînement logique qui ne laisse rien à désirer.

— Beaucoup plus que vous ne pensez, Monsieur l'abbé. Vous me permettrez de répondre à chacune de ces questions qui ne sont autre chose pour moi que de misérables sophismes. Qui veut trop prouver, ne prouve rien, dit le proverbe ; or c'est ce qui a lieu ici. Une chose assez curieuse, c'est que je vais prendre les mêmes armes que M. X..... pour soutenir et défendre le contraire de ses assertions. Vous allez me dire : Mais il y aura nécessairement contradiction en cela. Nullement, Monsieur l'Abbé; pourquoi ? Parce que M. X.... un peu trop imbu des idées philosophiques modernes, ne prend dans les Pères et les décisions de l'Eglise que ce que les Pères et l'Eglise ont dit, quand on a voulu donner à la magie et au démon une puissance sans bornes, une puissance semblable et égale à celle de Dieu. M. X.... ne cite des Pères, des conciles et des décisions des papes que des passages isolés, où il s'agissait de montrer que le démon ne pouvait pas connaître l'avenir et les secrets de Dieu. Mais lisez, Monsieur l'Abbé, lisez les Pères et les téologiens dans leur ensemble, et vous verrez qu'ils sont tous unanimes pour admettre qu'il y a plus ou moins d'intervention de la part du démon dans la véritable magie. Pour ce qui est de savoir positivement ce qu'en pense l'Eglise infaillible, sans rien perdre pour cela, quoiqu'en dise M. X.... de son infaillibilité, lisez ses nombreux exorcismes, ses diveres bénédictions, et vous verrez qu'elle croit et enseigne que non-seulement le démon peut faire du mal à nos âmes, mais même encore à nos corps. Au reste, il n'y a rien de surprenant dans cette doctrine de l'Eglise ; elle ne suit en cela que l'enseignement de Jésus-Christ et des apôtres (voyez St. Luc, ch. XI, v. 24) ; (voyez St. Jean, Apocalypse, ch. XII, v. 15) ; (voyez St. Paul aux Ephés. ch. II, v. 2). C'est assez, je pense, pour vous faire voir que les Pères, les théologiens et l'Eglise ne nient pas d'une manière absolue la puissance du démon dans la magie.

Passons maintenant à la sainte Ecriture qui,

dit-on, ne prouve rien et qui, selon moi, prouve tout. M. X.... dit 1° que Job est peut-être un personnage imaginaire ; mais que dans tous les cas où il serait une réalité, son histoire sera toujours un *embellissement poétique*. Embellissement poétique tant qu'il voudra! mais il ne persuadera jamais à personne avec *son peut-être* que l'idée principale de cette œuvre qui est de montrer la puissance du démon sur le corps de l'homme, n'est qu'une fable inventée à plaisir ; ce n'est pas ainsi qu'on invente dans un siècle qui était le berceau des arts. A cette époque nos romanciers d'aujourd'hui étaient inconnus. C'était sur des faits que l'on écrivait et non sur de pures fictions, comme de nos jours. Au reste, nier l'histoire de Job, c'est démentir Ezéchiel, Tobie, St. Jacques, toute la tradition juive et chrétienne et enfin toute l'autorité des Pères grecs et latins pour suivre une opinion bizarre que l'on forge. Ne serait-ce pas mille fois absurde ?

M. X.... dit 2° que l'histoire de Tobie en ce qui concerne le démon Asmodée n'est qu'une allégorie, pour montrer le châtiment que Dieu tira dans sa juste vengeance, en donnant la mort à ces jeunes libertins. Pour mon compte, j'y vois bien la juste vengeance de Dieu dans tout son éclat ; mais il m'est impossible d'y voir la moindre ombre d'allégorie ; et en effet, les sept maris de Sara passent aux yeux du public pour avoir été tués par un démon ; Tobie et toute sa famille l'affirment ; l'ange qui aurait dû les détromper, si le fait n'avait pas été vrai, le confirme au contraire. Que faut-il donc de plus enfin pour enlever tout prétexte d'allégorie?

M. X.... dit 3º qu'il n'y avait rien de diabolique dans les *tours* de *passe-passe* et de *gibecière* des magiciens de Pharaon. Il faut avouer néanmoins, s'il en est ainsi, qu'ils n'étaient pas maladroits ces gaillards, et qu'ils en savaient aussi long pour le moins que M. X.... lui-même. Plaisanterie à part, si l'opération de ces magiciens avait été des tours de *passe-passe*, comme on voudrait le faire croire, Moïse, qui avait une vaste intelligence et qui de plus était rempli de l'esprit de Dieu, n'aurait pas manqué de découvrir la supercherie et la fraude et de faire auprès de Pharaon, pour les humilier et les confondre, ce que fit Daniel auprès du roi de Babylone pour les prêtres de Bel.

M. X.... dit 4º que la pythonisse d'Endor était une ventriloque, qui usa de charlatanisme, et que Saül ne vit rien.

—Il ne vit rien, soit; mais il entendit assez. La sainte Ecriture dit que la pythonisse s'écria, dans son opération diabolique : Pourquoi m'avez vous trompée? vous êtes Saül; et que Saül entendit une voix qui lui annonça sa mort et celle de ses fils pour le lendemain; ce qui effectivement eut lieu. Il me semble qu'en cela, il y avait bien autre chose que de la ventriloquie; autrement il faudrait dire que celle de nos jours est grandement déchue de cette ancienne splendeur. Au reste, l'Ecriture sainte blâme fortement cette action; ce qu'elle ne ferait pas certainement si le démon avait été tout-à-fait étranger à cette affaire.

M. X.... dit 5° que la tentation de Jésus-Christ par le diable n'eut lieu qu'en pensée, comme les autres tentations ordinaires. C'est une supposition entièrement gratuite de sa part. L'Evangile, dirons-nous à ce Monsieur, ne rapporte que des faits matériels; pourquoi en cet endroit faudrait-il forcer le sens littéral, pour faire une distinction mal à propos? quand il aurait été si facile à St. Matthieu de nous dire que cette tentation n'eut lieu qu'en pensée. Il ajoute de plus que le démon ne pouvait pas transporter Notre-Seigneur sur une montagne d'où il lui aurait montré tous les royaumes du monde. Voyez cette habileté de M. X....! quand le sens littéral ne va pas à ses vues, comme à *tentation*, il le rejette tout bonnement; quand il peut lui fournir une objection même sans valeur, comme *à montagne*, il le saisit avec avidité ; ici il en fait son grand cheval de bataille et s'y dresse fièrement ; mais nous lui dirons que le mot qu'il veut prendre dans toute la rigueur du terme et du sens littéral signifie encore un point quelconque d'où l'on peut découvrir un vaste horizon. Prendre le tout pour la partie ou la partie pour le tout, c'est une manière de s'exprimer que la sainte Ecriture emploie souvent. C'est un mot qui a le même sens que celui que nous employons dans notre langue française, quand nous disons en parlant d'un beau point de vue: *De là on voit les quatre parties du monde.*

M. X.... dit 6° que l'on peut très-bien soutenir que les possessions ne sont autre chose que des maladies naturelles. S'il en était ainsi, il faudrait rejeter l'Evangile qui dit formellement que les possédés guéris par Notre-Seigneur étaient tourmentés par le démon. Il faudrait dire que Jésus-Christ nous a induits en erreur en confirmant par sa parole la croyance publique dans des possessions où il n'y avait que des apparences et point de réalité. Mais n'aurions-nous pas l'Evangile et le témoignage de Jésus-Christ pour nous dire que les possessions ne sont pas des maladies naturelles, que le gros bon sens nous le dirait bien haut. En effet, comment croire que des convulsions naturelles, qu'une crise de nerfs, par exemple, puisse faire parler latin à une personne qui ne l'a jamais appris ; puisse faire voir au malade très-distinctement ce qui se passe *hic et nunc* dans des lieux fort éloignés, etc. ? C'est ce que l'on a vu cependant maintes et maintes fois dans ces maladies extraordinaires que l'on s'efforce de qualifier de maladies naturelles. Ce n'est pas là, soyez en sûr, Monsieur l'Abbé, le cachet de simples maladies ; indubitablement il y a quelque chose de plus.

Voilà ce que j'avais à dire sur cette belle et savante théorie du naturalisme qui, si elle était universellement adoptée, ne tarderait pas à nous faire voguer au hasard à travers les flots impurs et pestilentiels de l'athéisme.

Passons maintenant, Monsieur l'Abbé, à la fameuse déduction de M. X...., déduction par laquelle il réduit à zéro le sortilége et la magie. Il dit que le démon ne peut et ne veut pas obéir à l'homme ; que Dieu ne lui permet pas d'agir dans ce sens, et que quand bien même il le lui permettrait, il manquerait de moyens pour atteindre son but. Vraiment, ce Monsieur a des connaissances presque universelles : c'est le Platon de notre siècle. Je parierais cent contre un que M. X.... a une maison de campagne dans une des régions du monde spirituel et que là, armé de ses bésicles, il a examiné minutieusement à un millième près ce que peut et ne peut pas le démon. Si vous lui demandiez quelques petits renseignemets sur ce chef de l'Achéron, il serait dans le cas de vous faire un tableau complet de toutes ses habitudes. Je ne jouis pas, il est vrai, comme M. X.... de ces ineffables faveurs ; je n'ai pas comme lui le précieux avantage de connaître en grand et en petit tous les ressorts du monde spirituel ; je dis cependant et soutiens que le démon peut obéir à l'homme ; qu'il le veut ; que Dieu le lui permet quelquefois et que les moyens pour atteindre ce but ne lui manquent pas. Que le démon veuille obéir à l'homme, c'est une assertion, qui, à la rigueur n'a pas besoin de preuves, tellement il est facile à comprendre que c'est là un des moyens principaux que l'esprit de ténèbres met en usage pour arriver à ses fins.

En effet, que veut le démon depuis l'instant où par sa rébellion et sa révolte contre Dieu il mérita le titre d'ange déchu ? Que veut-il ? quel est son but ? quelle est la raison suprême de tous ses efforts et de toutes ses luttes contre le genre humain ? n'est-ce pas la ruine et la perte de l'homme ? Mais pour perdre l'homme, il faut qu'il le séduise, l'égare, le pervertisse et lui corrompe le cœur. Mais pour séduire, égarer, pervertir et corrompre, il faut de la flatterie, de l'adulation, de la complaisance et toute espèce de bassesses et de séductions. Or, comment supposer tout cela dans un être qui serait revêche? Comment croire que le démon qui fait tous ses efforts pour séduire l'homme, qui met tout en jeu pour le perdre, ne voudrait pas lui obéir pour arriver à ce but? Il s'est présenté à Eve qui ne l'appelait ni ne l'invoquait; pourquoi ne se présenterait-il pas visible ou invisible, Dieu le lui permettant, à l'homme corrompu et pervers qui l'invoque et l'appelle dans ses machinations?

Je dis donc que non-seulement le démon veut avoir des rapports avec l'homme, mais encore qu'il le peut dans une certaine limite de pouvoir que Dieu lui a laissée. Ceci est prouvé solidement et surabondamment :

1° Par les faits nombreux d'obsessions et de possessions racontées dans la sainte Ecriture;

2° Par la manière de parler de Jésus-Christ et des écrivains sacrés;

3° Par le témoignage des Pères et des théologiens unanimes en ce point;

4° Par tous les exorcismes de la sainte Eglise;

5° Par l'institution de l'ordre des exorcistes;

6° Par toutes les lois canoniques et civiles portées contre les devins, les sorciers et les magiciens ;

7° Par le consentement de tous les peuples, dans tous les temps ;

8° Par l'établissement des nombreux oracles du paganisme.

Ainsi donc, Monsieur l'Abbé, nier ce pouvoir, ce serait donc, comme vous le voyez, récuser de très-dignes et très-grandes autorités ; ce serait en quelque sorte faire preuve d'une petite dose de science et d'un pauvre jugement ; ce serait enfin être téméraire et grandement téméraire, pour ne pas dire quelque chose de plus.

Il nous reste maintenant à savoir si Dieu permet au démon d'user de ce pouvoir. En prouvant comme je viens de le faire non-seulement la possibilité du fait, mais encore son existence et sa réalité, j'ai prouvé suffisamment que Dieu le permet ; puisque rien ne se fait et n'arrive en quelque lieu que se soit sans sa permission et son ordre. Au reste, la sainte Ecriture nous apprend que, dans certaines circonstances, Dieu permet au démon d'user de ce pouvoir. Le livre de Job nous le dit formellement. Pourquoi Dieu le permet-il ? nous n'en savons rien ; c'est un secret que cet Etre infini s'est réservé à lui seul ; un secret qui pour nous, misérables mortels, est et sera toujours couvert de voiles impénétrables à notre intelligence bornée et à notre faible nature.

Voici enfin, Monsieur l'Abbé, la dernière objection qui n'est pas plus solide que les autres. Quand bien même le démon voudrait avoir des rapports avec l'homme, qu'il le pourrait, que Dieu le lui permetrait, il manquerait de moyens pour atteindre ce but.

Voilà certes une objection curieuse et comique tout à la fois ! Qui peut, en effet, démontrer que le démon manque de moyens pour avoir des rapports avec l'homme ? C'est, me dira M. X...., la raison et le bon sens ; ce sont, me diront d'autres, nos philosophes de ces derniers temps qui nous ont appris qu'un être spirituel ne peut nullement agir sur la matière. Quelle belle et admirable découverte ! seulement elle a le défaut d'avoir contre elle notre propre existence. Ces Messieurs auraient bien mieux fait, plutôt que de commettre cette grosse bévue, de chercher à nous expliquer comment notre âme qui est simple et spirituelle agit sur notre corps et nos organes qui sont composés et matériels. Ils ne l'ont pas tenté, et bien ils ont fait, parce qu'ils n'y seraient pas plus arrivés, qu'ils n'arriveront à nous dire, au juste, ce que peut et ne peut pas le démon dans ses rapports avec l'homme. C'est là, qu'on le sache bien, un mystère profond connu de Dieu seul. Quoi! ajouterai-je encore, l'homme méchant et pervers a une foule de moyens pour nuire à son semblable, et on ne vondrait pas que le démon, cet ennemi du genre humain, en eût! Mais alors il faudrait supposer que sa nature est inférieure à la nôtre; il faudrait supposer, ce qu'il est impossible de prouver, que sa liberté est tout-à-fait détruite. Quelqu'un me dira peut-être : Mais s'il en était comme vous dites, que le démon eût le pouvoir de nuire à l'homme, l'homme serait perdu, il en serait fait de lui. Oui, si ce pouvoir du démon n'était pas limité; mais c'est que Dieu le limite et le limitera toujours, comme nous l'enseigne St. Paul et le livre de Job.

Ainsi, Monsieur l'Abbé, l'opinion qui se rapproche le plus de la vérité, à mes yeux, est que le démon peut et veut avoir des rapports avec l'homme; que les moyens ne lui manquent pas, quand Dieu le lui permet dans de certaines limites que nous ignorons, et que probablement nons ignorerons toujours, quelques progrès que fassent les sciences.

Vous me direz peut-être, Monsieur l'Abbé : mais depuis que la philosophie moderne a bafoué et tourné en ridicule ce pouvoir du démon, cet esprit de ténèbres s'est tu et absolument tu; nous ne l'avons plus vu reparaître sur cette scène du monde où jadis il avait fait tant de bruit. Si cette puissance qu'on lui donne avait eu quelque fondement, il aurait dû, ce me semble, dans ces circonstances, en donner quelques signes, et il ne l'a pas fait.

Je conviens avec vous, Monsieur l'Abbé, que depuis un siècle et demi le démon n'a pas joué un grand rôle dans ses rapports avec l'homme; mais de l'extrême rareté d'un fait, il n'en faut pas conclure l'impossibilité ; ce serait tomber dans l'erreur et pousser trop loin l'incrédulité, à la grande satisfaction du voltairianisme qui, sous prétexte de rejeter des croyances nées de l'ignorance dans des temps de barbarie, a attaqué nos plus grandes vérités et calomnié nos pères, dont tout le crime était d'avoir plus de foi et de religion que nous. Il les a traités de crédules, d'illuminés, de gens sans discernement et grossiers ; il les a tournés en ridicule et conspués fortement ; mais j'espère qu'un siècle meilleur et plus éclairé leur donnera raison, malgré le grand envahissement qu'a fait ce genre de scepticisme dans toutes les classes de la société, même jusque dans les rangs du sacerdoce. Ce scepticisme est d'autant plus profond, qu'il se trouve aujourd'hui dans l'éducation et les mœurs.

Je dirai en terminant, Monsieur l'Abbé, qu'il serait absurde, mille fois absurde, pour complaire à une philosophie incrédule, impie et athée, de condamner le passé et de dire, abstraction faite des nombreuses preuves fournies par la sainte Ecriture, que le genre humain tout entier s'est trompé et a été dans l'illusion pendant plus de cinquante siècles. Un avenir meilleur et prochain, j'en ai la ferme espérance, vengera sans doute par des faits incompréhensibles et inexplicables la croyance de nos ancêtres, de cette négation sans fondement forgée hostilement par une philosophie sceptique et impie.

A ce simple exposé, pour le compléter en quelque sorte, nous ajouterons que si ce vénérable vieillard avait vécu quelques années de plus, il aurait vu plusieurs de ses prévision, accomplies. Il aurait eu la satisfaction de montrer à l'incrédulité moderne des faits extraordinaires et surprenants qu'avec toute sa science elle n'aurait pu lui expliquer. Il lui aurait montré ce même démon des oracles du paganisme, des possessions de l'Evangile, des sorcelleries et magies du moyen-âge reparaître tout-à-coup sur la scène du monde dans le *magnétisme*, *les tables tournantes* (1), *parlantes, écrivailleuses, les esprits frappeurs*, et surtout dans les faits étonnants de la *nécromancie moderne* de M. Hume, faits tellement extraordinaires et frappants, que tout Paris en fut ému en mars 1857. Tous les journaux de cette époque sans exception de nuance ne faisaient bruit que des soirées phénoménales et merveilleuses du fameux sorcier M. Hume. Les principaux prestidigitateurs de la capitale conviés à ces séances se mirent aux aguets, examinèrent beaucoup et ne découvrirent rien, absolument rien de leur art. L'étonnement était au comble et les faits irrécusables; les plus sceptiques d'entr'eux furent donc obligés d'avouer, contre leur croyance, qu'il y avait, comme le soutenait M. Hume, intervention des esprits; tant il est vrai de dire que contre l'évidence il n'y a pas de réplique à faire.

Qui aurait cru, il n'y pas longtemps encore, qu'en plein dix-neuvième siècle, au moment

---

(1) On croit généralement que les tables tournantes sont d'invention moderne, c'est une erreur; Satan les avait à sa disposition du temps de Tertullien: ce Père de l'Eglise reprochait aux païens de son siècle, dans son apologie des chrétiens, d'employer ce procédé diabolique dans l'art de la divination: *multa miracula circulatoriis præstigiis ludunt.... et mensæ divinare consueverunt.* (*Apologétique*, chapitre XXIII).

où le matérialisme, le scepticisme, le naturalisme et le rationalisme se disputaient la haute main sur la société actuelle ; où l'on ne voulait croire que ce qui pouvait être vu, touché, et expliqué, qui aurait cru qu'au sein même de la ville la plus savante et la plus éclairée du monde, on aurait vu des tours de magie et de sorcellerie autrement forts que ceux du moyen-âge dont se moquait tant le philosophisme de ce siècle sceptique, qui à son déclin enfanta tant de maux et de misères ? qui l'aurait cru ? personne sans doute.

Eh bien ! ces faits qui semblaient ridicules et absurdes existent cependant ; ils ne sont plus des chimères et des contes de fées, comme on semblait le croire. Que résultera-t-il de tout cela ? nous n'en savons rien ; le démon, dit-on, a ses desseins cachés dans ces phénomènes extraordinaires, soit ; mais Dieu, qui connaît ses ruses, a les siens aussi, soyons-en persuadés. L'Etre infini, nous n'en doutons pas, saura, comme toujours, tirer du mal le bien ; ces manifestations diaboliques réveilleront dans bien des intelligences fourvoyées, qui ne voyaient en tout et partout que matière, cette foi divine de l'enfance qui faisait avant l'orage des passions le bonheur et la joie ; elles seront la ruine de ce scepticisme aux différentes nuances, plus ou moins déguisé, plus ou moins avoué, qui depuis un siècle nous ronge au cœur.

Le lecteur désirerait-il avoir quelques notions sur M. Hume, le grand magicien du jour, et sur la puissance de ses agents infernaux (c'est ainsi qu'il faut les appeler) ? voici quelques citations qui jetteront sur l'un et l'autre plus de lumière et qui satisferont en même temps la curiosité on ne peut plus.

Sur la fin de février 1857, un correspondant parisien d'un journal belge écrivait ceci :
« Il faut encore vous parler sorcellerie ; ce sera sans doute pour la dernière fois ; car M. Hume part samedi prochain pour l'Amérique. Mardi une séance intéressante au dernier point et démonstrative pour tout le monde, a été donnée dans un des salons du prince B. P. par Hume le nécromancien. En défiance contre tous les escamotages, le chef de la maison avait invité M. Moreau-Cinti, qui, quoique simple amateur, connaît mieux que Robert Houdin toutes les ficelles de la magie noire et blanche.

» Les assistants étaient en très-grande majorité des réfractaires, c'est-à-dire dans une disposition à exclure toute idée de compérage, soit par préméditation, soit par entraînement. Hume a paru. En prononçant son nom, je complète son signalement : c'est un homme de

25 à 30 ans, nerveux, agité, front formant des rides par moment, effets produits évidemment par les orages et combats de l'âme. Il a les cheveux roux se dressant comme des baguettes sur la tête, indice ordinaire d'un homme qui vit en commerce avec l'enfer.

» Hume répond avec une sorte de conviction convulsive aux questions qu'on lui adresse sur son origine et les révélations infernales qu'il a subies. Sa version se résume ainsi : il est écossais et possédé depuis l'âge de 5 ans. — Sa mère était, à ce qu'il paraît, une sorcière du premier ordre. Il a eu des intermittances et des trèves ; dans ces derniers temps, Satan semblait s'être retiré de lui. Il profita de cette délivrance pour demander des secours à la religion. Il se fit donc catholique et en remplit, en apparence, assez exactement les obligations. Le 8 février dernier, il alla trouver le père de Ravignan et lui dit que Satan lui avait apparu la nuit dernière pour lui apprendre que dans trois jours il reprendrait possession de son âme. Je me recommande à vos prières, dit-il au célèbre jésuite en le quittant.

» En effet, dès le 10 février, Hume possédé de nouveau put manifester extérieurement la puissance satanique qui l'agitait ; tout ceci fut raconté avec simplicité et écouté sérieusement.

On procéda aux expériences autour d'une table très-massive sur laquelle on avait posé les mains, la table commença peu à peu à s'agiter par un mouvement de trépidation que l'on peut comparer au cahotement d'une charrette sur le pavé ; bientôt elle se dressa sur deux pieds, enfin elle quitta le sol en s'élevant à deux pieds environ dans l'espace. Pendant ce temps-là M. G. une bougie à la main et couché sur le tapis cherchait *le truc* et *la ficelle* ; mais il ne découvrit rien. M. Moreau-Cinti, de son côté, examinait beaucoup et déclarait que ces résultats déroutaient entièrement toute sa science en prestidigitation.

» Ensuite M. R. mit son mouchoir sous la table, le tenant à la main ; un instant après il sentit un tiraillement très-vif qu'il compare à l'effort que ferait un chien qui aurait voulu le lui arracher ; un dernier tiraillement plus violent le lui arracha et le mouchoir se trouve tout-à-coup à l'extrémité de la salle sur les genoux de M. B. Une sonnette déposée sur la table s'y promena en décrivant un cercle, tintant et sautillant. Il était onze heures ; Hume était attendu chez la princesse D. S'il ne laissa pas les assistants, tous convertis, il les laissa du moins passablement étonnés et surexcités. »

Un article emprunté à un journal du Midi,

écrit à la même époque par un homme très-honorable et témoin des faits qu'il raconte, va jeter plus de lumières sur cet homme extraordinaire : « Vous n'êtes pas, dit-il, sans avoir entendu parler de la grande curiosité parisienne du jour, M. Hume, le célèbre évocateur d'esprits frappeurs, et cependant qui peut se flatter de l'avoir vu ? Il n'y a pas encore 24 heures j'aurais volontiers révoqué en doute son existence et je considérais en tous cas les prodiges qu'on lui prête comme autant d'inventions destinées à amuser la crédulité publique. Mais aujourd'hui que j'ai vu M. Hume, qu'il a travaillé en ma présence, je ne dirai pas seulement qu'il n'y a rien de plus réel que cet homme, j'ajouterai de plus que sa puissance ou son habileté sont également incompréhensibles, et que, comme toutes les personnes présentes, j'ai été encore plus effrayé qu'étonné du spectacle auquel il m'a été donné d'assister ; écoutez seulement le récit de ma dernière soirée, et vous serez, je crois, de mon avis.

» Hier soir, je me trouvais chez un très-grand personnage, que je vous demande la permission de ne désigner ici que par la première et dernière lettre de l'alphabet A. Z. La réunion était composée d'une vingtaine de personnes, parmi lesquelles plusieurs dames, et on ne s'attendait nullement à voir M. Hume, lorsque, sur les dix heures environ, un monsieur fut introduit et présenté par le maître de la maison comme étant le célèbre évocateur d'esprits frappeurs si à la mode en ce moment. M. Hume est un jeune homme de 30 à 35 ans, de taille moyenne, ni gras, ni maigre, ni brun, ni blond, des traits assez réguliers, portant moustaches et favoris ; les cheveux un peu hérissés ; vêtu comme tout le monde en homme, enfin une individualité comme il s'en rencontre partout. Rien à l'extérieur n'indique un sorcier ou un magicien.

» Après quelques paroles prononcées en excellent français, M. Hume se plaçant contre la cheminée dit qu'il se mettait à la disposition de l'honorable assemblée et que tout ce qu'on voudrait bien lui demander de possible, il tâcherait de l'exécuter. Aussitôt une dame le pria de faire tourner la table qui se trouvait au milieu de la salle. Je m'attendais à des passes, à un contact plus ou moins prolongé de M. Hume avec la table ; il n'en fut rien. L'évocateur, accoudé à la cheminée, ne bougea pas de place ; seulement il sembla se concentrer en lui-même, comme pour rassembler toute sa puissance nerveuse ; sa figure se contracta fortement et en moins d'une minute employée à cette sorte d'évocation, il étendit la main dans la direction de la table qui se mit aussitôt à tourner lentement, puis plus vite, puis enfin tellement vite qu'elle ressemblait à une véritable toupie. On invita M. Hume à arrêter la table, et la table s'arrêta à l'instant.

» Ce furent ensuite des pendules de deux salons dont M. Hume fit marcher et arrêter les aiguilles à volonté par un signe de main ; puis toutes les sonnettes furent subitement agitées. Une dame ayant demandé si on pourrait bien lui faire venir un livre qu'elle désigna, et qui se trouvait dans une bibliothèque placée dans une pièce voisine, aussitôt la porte vitrée de la bibliothèque s'ouvrit avec fracas et le livre jeté comme par une main invisible vint tomber sur les genoux de la dame qui l'avait demandé. Après ce tour, ou plutôt ce prodige, qui causa une vive émotion, M. Hume fit jouer à un piano plusieurs airs qui furent indiqués ; puis des mouchoirs furent arrachés des mains de quelques messieurs qui avaient défié l'évocateur.

» Enfin on demande à M. Hume d'agir d'après ses propres inspirations pour donner une preuve frappante de l'intervention des esprits a qui il prétend commander : la demande était à peine formulée que j'éprouvai pendant quelques secondes une sensation indéfinissable ; sensation du reste partagée par toute l'assemblée : il nous semblait que le plancher fuyait sous nos pieds, ou plutôt que nous étions suspendus en l'air ; puis soudain toutes les bougies de l'appartement s'éteignirent. On entendit les meubles se remuer avec bruit, les portes s'ouvrir et se fermer avec fracas ; puis les bougies se rallumèrent subitement, et il n'y avait plus de M. Hume, il avait disparu. Tout le monde était sous le coup de la consternation et de l'effroi, quand un domestique vint annoncer que M. Hume venait de quitter l'hôtel et qu'il priait l'assemblée de l'excuser s'il était parti sans prendre congé d'elle comme il le devait. Naturellement les scènes qui venaient de se passer furent l'objet de toutes les conversations ; mais elles avaient trop impressionné pour que chacun pût conserver sa gaîté et sa liberté d'esprit ; aussi la soirée se termine-t-elle de bonne heure. »

Voici maintenant un dernier article fourni par un journal de Paris ; non seulement il excite l'étonnement, mais encore un peu d'effroi.

« On sait que Hume est un de ces êtres privilégiés qui possèdent le don d'agir sur la matière par la pensée, de faire mouvoir des objets matériels sans les toucher et tout cela par un acte de sa volonté. C'est là certainement un joli talent ; mais qui n'implique pas nécessairement l'art de lire dans les astres, et de prévoir les incartades des comètes ; du reste, on n'est pas universel. Hume s'est donc récusé sur l'article de la fin du monde, en déclarant que ce n'était point de sa compétence. Mais en revanche le merveilleux américain, par la seule autorité de sa pensée, fait mouvoir des meubles, s'ouvrir des portes, se fermer des fenêtres, retentir sur des vitres et des boiseries des coups frappés par une main invisible : ce sont là des prodiges qui déconcertent la raison humaine, et pourtant rien ne paraît plus réel ; de graves et irrécusables témoignages l'attestent, la science l'avoue sans le comprendre, et un homme d'esprit disait naguère : Je ne le crois pas, et cependant je l'ai vu.

» Un des prodiges les plus surprenants et les plus émouvants opérés par Hume est d'évoquer la main d'une personne morte, et la faire toucher à une personne vivante. On comprend facilement quel effet produit l'annonce seule de ce miracle, quand Hume, qui est un jeune homme aux cheveux hérissés, à figure pâle et à regard perçant, dit d'une voix imposante à son auditoire : Placez votre main sous le tapis qui recouvre cette table et puis nommez la personne morte dont vous voulez que la main vienne prendre et serrer la vôtre. Les dames frémissent et presque toutes se refusent à cette triste et lugubre poignée de main.

» Cependant l'autre soir, dans un salon du faubourg St-Honoré, une dame polonaise s'est présentée à l'appel de Hume, a mis la main sous le tapis et a dit qu'elle désirait être touchée par la main de sa sœur morte il y a quelques années. Aussitôt la dame polonaise pâlit, et dit d'une voix tremblante d'émotion qu'elle sentait une main froide saisir et presser la sienne. Mais, ajouta-t-elle, comment saurai-je que c'est la main de ma sœur? — Elle va vous le prouver, reprit Hume. La dame polonaise avait plusieurs bagues à ses doigts, dont l'une lui avait été donnée par sa sœur; la main froide saisit cette bague, la fit tourner autour du doigt et ouvrit le chaton qui renfermait des cheveux de la défunte. Oh! je ne doute plus, c'est bien elle; c'est bien ma pauvre sœur, s'écrie la dame polonaise en fondant en larmes.

» Cette scène d'un effet saisissant a été plusieurs fois reproduite dans les salons où le magicien s'est montré trop rarement au gré des curieux. De toutes les expériences, cette dernière a toujours été celle qui a produit la plus vive impression. »

Voilà ce qui en 1857 se passait à Paris. M. Hume partit comme il l'avait annoncé ; mais ses opérations infernales restèrent. Au moment où nous écrivons, les cercles *spirites* de la capitale et de la province, nés des doctrines de Hume, font des tours de force diabolique tout aussi étonnants que les siens. A leur appel Satan obéit et usurpe tour à tour les noms les plus saints dont il prend le titre. Parfois il se transforme en ange de lumière, comme dit l'Apôtre, et enseigne alors une morale si pure et si sublime, fait un tableau si dégoûtant du vice et du crime, que les élus mêmes en seraient séduits, si à côté ne se trouvaient trois ou quatre hérésies énormes, ou bien l'apologie pompeuse du culte que professe la personne mise en rapport avec l'esprit. Peu importe sa croyance : catholicisme, protestantisme, judaïsme, mahométisme et paganisme, tout est également bon, comme s'il pouvait y avoir alliance entre le vrai et le faux, le bon sens et l'absurdité. Au reste, c'est toujours par quelque chose de ce genre que se décèle le père du mensonge, quand il veut se faire passer pour un esprit de vérité. L'œuvre de Satan, quelque forme qu'elle prenne, quelque soit son déguisement, ne peut donc nous séduire si nous le voulons ; car la médaille de

St. Benoit dont nous allons parler en est la pierre de touche.

Un de mes amis, effrayé des progrès rapides de la *doctrine spirite*, nous écrivait tout récemment que M. ALLAN KARDEC, grand-prêtre de ce nouveau CREDO, prédisait pour un temps assez rapproché, le triomphe universel du *spiritisme*. Grâce à Dieu, ce triomphe n'est pas à craindre ; quand il plaira au souverain Maître de toutes choses, qui a permis, pour des causes que nous ignorons, ces manifestations diaboliques, il saura bien les arrêter par un seul acte de sa puissance. Comme toujours, il confondra ce qui paraît fort, puissant et invincible, par ce qui sera faible et misérable en apparence : aussi ce n'est peut-être pas sans un dessein secret de Dieu que la médaille de St. Benoit se répand aujourd'hui partout et qu'elle reprend cette ancienne célébrité dont elle jouissait dans les siècles passés. A en juger par les effets admirables attribués à cette précieuse médaille, il pourrait peut-être bien se faire que ce sera par elle et elle seule que le *spiritisme* sera désarmé et vaincu. Du reste, voici des faits qui viennent à l'appui de cette conjecture et qui sont tous de nature à entretenir en nous cette espérance.

La vertu de cette médaille, dont l'origine

se perd dans la nuit des temps et que les troubles civils, religieux, et monastiques du moyen-âge avaient fait perdre de vue, se retrouva, avec l'explication de ses caractères symboliques, d'une manière quasi providentielle, vers le milieu du dix-septième siècle : et voici comment.

Un certain château d'Allemagne, connu sous le nom de Wateremberg, était en 1647 infecté depuis quelque temps d'une espèce de vipères très-venimeuses étroitement unies et très familières entr'elles ; tout ce qui s'approchait de ce lieu, homme ou bête, était infailliblement mordu. On crut donc voir en cela un maléfice diabolique, et ce qui confirmait cette croyance, c'est que partout où la médaille de St. Benoît était attachée ou mise en terre, la puissance et l'action malfaisantes de ces redoutables reptiles étaient mises à néant. A la même époque, le monastère de Metten, à une distance très-considérable du château, se trouvait frappé du même fléau, et la médaille de St. Benoît produisait les mêmes effets. Alors les moines dudit couvent se mirent en quête pour découvrir la signification des caractères et symboles de cette médaille. Après bien des recherches, ces bons religieux mirent enfin la main sur un précieux manuscrit fort ancien, où

20

se trouvaient parfaitement expliqués les caractères et symboles de la médaille de St. Benoît. A dater de ce moment, la médaille de St-Benoît se propagea rapidement, surtout en Lorraine, où elle produisit des effets merveilleux.

Voici, à ce sujet, quelques faits extraordinaires, attestés par un religieux bénédictin, qui vivait à l'époque où ils eurent lieu, et qui de plus, les tenait des moines de la congrégation de Lorraine, dans le pays desquels ils s'étaient passés. En 1665, il y avait à Luxeuil, un malheureux jeune homme obsédé du démon; on avait eu recours pour sa guérison à tous les moyens religieux et cela sans aucun résultat. Accablés de tristesse, ses parents ayant entendu parler de la médaille de St. Benoît et de ses effets merveilleux contre le démon, s'en procurèrent une, la mirent tremper dans l'eau, et en donnèrent à boire au pauvre malade. Aussitôt, il fut pris de terribles convulsions et le démon parlant par sa bouche promit de sortir de son corps à la troisième heure de la nuit; ce qui eut lieu effectivement comme il l'avait annoncé.

Dans la Franche-Comté, à quelques lieues de Besançon, se trouve le château-fort du Maillot. Abandonné et en ruines depuis longtemps, il commença, en 1666, à devenir un lieu habité par des démons. On entendait toutes les nuits venant du château d'horribles clameurs, et un épouvantable vacarme ; on voyait sur les créneaux démantelés, quand la lune donnait sa faible lumière, des spectres affreux, et de gigantesques fantômes, dont le nom seul jetait une telle terreur que pas une âme vivante n'osait habiter ces lieux. De plus, les troupeaux et les animaux furent envahis par une contagion qui épouvanta tellement les habitants du pays, qu'ils étaient sur le point de fuir ce lieu maudit, quand fut trouvé un remède à ces maux. Une personne ayant pensé à la médaille de St. Benoît, en prit plusieurs, alla les fixer aux murailles du château, et dès ce moment la puissance diabolique fut anéantie et tous les maux cessèrent.

Une malheureuse jeune fille, qui vivait à cette même époque, dans le libertinage et le crime, au grand scandale de tous les fidèles, était d'un tel dévergondage, dans ses propos et ses inspirations, que tout le monde la regardait comme possédée du malin esprit, en châtiment de ses crimes. Ses infortunés parents étaient dans la plus profonde consternation et ressentaient la plus vive douleur. Prières, conseils, promesses, voies de rigueur, voies de douceur, tout avait été mis en œuvre pour ramener cette âme égarée, et rien n'avait réussi. Une personne pieuse, touchée de pitié pour le triste état de cette malheureuse, conseilla à sa famille d'avoir recours à la médaille miraculeuse de St. Benoît. Celle-ci s'empressa de s'en procurer une et la plongea dans de l'eau qu'elle fit boire à cette pauvre égarée; dès ce moment cette jeune fille rentra sérieusement en elle-même, changea de langage et de vie, et devint bientôt un exemple de vertu pour tous ceux qu'elle avait scandalisés.

Dans un village qui se trouve sur les limites de la Bourgogne et de la Franche-Comté, un fabricant de tuiles, homme très habile en son métier, ne pouvait depuis quelque temps faire cuire convenablement ses briques, quelque grand feu qu'il fît. Cette singularité inexplicable l'étonnait d'autant plus, qu'il connaissait parfaitement, en homme expérimenté, les règles de son art et qu'il les observait scrupuleusement pour chaque cuisson. « Mais il y a, disait-il, en cela quelque chose de diabolique; je fais chauffer mon four plus que jamais, et ma tuile ne cuit pas; voyons donc ce qu'il en est. » Il suspendit alors des médailles de St. Benoît aux parois de son four, fit chauffer comme d'habitude et les briques et les tuiles se préparèrent à merveille. Notre brave homme reconnut alors que son four avait été l'objet d'un maléfice, puisque la médaille de St. Benoît avait produit un si excellent effet.

Voilà quelques-uns des faits produits par la médaille de St. Benoît pendant le milieu du dix-septième siècle. Ces mêmes faits se multiplient aujourd'hui, depuis que la dévotion à cette médaille reprend de jour en jour parmi nous son ancienne célébrité. A dater de 1855 où cette admirable médaille commença à circuler entre quelques rares mains, jusqu'à nos jours, où elle s'est propagée considérablement, que de faits de tous genres n'aurions-nous pas à relater ! que de maladies surprenantes guéries ! que de tours diaboliques arrêtés, ou détruits ! que de dangers et périls certains conjurés ! Que de grâces spirituelles et temporelles obtenues ! Nous aurions bien le désir d'entretenir longuement nos lecteurs sur plusieurs faits qui ont eu lieu dans ces derniers temps par l'intervention de la médaille de St. Benoît; mais nous craindrions qu'une énumération de ce genre et monotone de sa nature, ne finît par devenir ennuyeuse. Nous allons donc citer quelques faits seulement qui prouveront sans réplique ce qu'il faut penser des *tables tournantes* et *du somnambulisme*. On verra que cette œuvre est l'œuvre de Satan, comme l'a toujours soutenu à ceux qui le consultaient sur ce point le vénérable curé d'Ars de sainte mémoire. Ce pieux prêtre, avec qui nous avons eu le bonheur de converser plusieurs fois, nous disait un jour en nous parlant de la puissance du démon sur la matière, de ses diverses apparitions et de son commerce avec les méchants : « La génération actuelle est très-incrédule, Monsieur l'abbé, à l'endroit des miracles et de la puissance du démon ; elle attaque avec la critique la plus sévère ces faits merveilleux, ces différents tours de Satan que nous rapportent les vies de plusieurs saints ; elle les relègue sans la moindre gêne au nombre des récits fabuleux. Pauvre génération ! blasée en tout, il faut que le surnaturel divin et diabolique te déplaise fortement, pour le rejeter de la sorte ! Espérons que Dieu, dans son infinie miséricorde, t'ouvrira un jour les yeux ; et qu'alors tu verras forcément ce que tu ne voulais pas voir. » Ces quelques mots montrent clairement que ce saint prêtre, dont la compétence en cette matière vaut bien celle de nos libres penseurs, ne partageait nullement l'opinion de nos philosophes modernes.

En 1862, une personne qui avait consulté, dans une de nos petites villes de province, une somnambule qui l'avait enchantée par la précision qu'elle mettait dans ses réponses, disait à une de ses amies : Il n'est pas possible que le démon soit pour quelque chose dans cet art ; car la somnambule tient un langage trop moral, religieux et chrétien ; ah! si vous entendiez en quels termes elle flétrit le vice et fait l'éloge de la vertu, vous seriez de mon sentiment. — Tenez-vous en garde, ma chère amie, lui fut-il répondu, contre de pareilles séductions ; l'ennemi du salut est fécond en ruses ; munissez-vous seulement de cette médaille et vous verrez ce qu'il en est. C'était une médaille de St. Benoît qui lui était présentée pour se rendre chez la *dormeuse*. A son arrivée, la séance commença par les passes et contre-passes d'habitude; mais quelle ne fut pas la suprise du *magnétiseur* quand la *magnétisée*, d'ordinaire si clairvoyante, ne répondait point, ou ne répondait que des mots vides de sens ou sans application ! — D'où vient que vous ne pouvez pas répondre, lui fut-il demandé ? — C'est que je ne vois rien, ne sais rien et suis dans une déroute complète. — Quelle en est la cause ? — Je l'ignore, ou ne veux la révéler; seulement je vous dirai que pour le moment vous n'obtiendrez rien de moi, et que si vous persistez, je deviendrai muette.

Ce fait est assez clair, ce nous semble, pour se passer de commentaire.

Voici maintenant ce qui s'est passé plus récemment encore dans un salon où une *table tournante* était d'ordinaire docile aux ordres de tout venant. Un jeune homme, membre des conférences de St. Vincent de Paul, disait à quelqu'un de ses amis qui soutenait le contraire, que les *tables tournantes* étaient une œuvre diabolique; pour vous le prouver, ajoute-t-il, vous allez voir que la médaille de St. Benoît dont je suis muni va paralyser tous vos efforts en ce sens. Ce qui fut dit fut fait; on eut beau appliquer les mains, tourner et attendre, la table, contre son habitude, resta immobile et inerte. Nouvelle séance eut lieu le lendemain ; la médaille de St. Benoît ne s'y trouvant plus, la table boudeuse de la veille tourna sans peine à la première imposition des mains. On lui demanda la cause de son silence : la réponse écrite par un de ses pieds fut : La médaille.

Citons encore : une personne qui jusqu'alors n'avait eu que de rares et faibles combats intérieurs à soutenir contre les assauts du démon, fut, il y a quelque temps, assaillie tout à coup par de fréquentes et violentes tentations dont elle ne pouvait ni se débarrasser, ni se rendre compte de leur cause : après avoir réfléchi et examiné longtemps, elle reconnut qu'elles dataient d'une époque où elle avait eu l'imprudence de recourir à l'art diabolique d'une *somnambule*. Cet état pénible était d'autant plus inquiétant que, pour le faire cesser, efforts et essais de tout genre avaient été mis en œuvre sans qu'il en résultât le moindre succès. Cette personne était enfin dans une anxiété continuelle, quand elle reçut, dans le courant de 1863, une médaille de St. Benoît que depuis longtemps elle désirait beaucoup. Rien de plus empressé pour cette personne, comme on peut se le figurer, que de mettre sa confiance dans cette médaille, et la suspendre avec dévotion à son cou. Chose frappante et extraordinaire ! depuis ce moment, ces étranges tentations ont tellement diminué, pour ne pas dire cessé, que la personne qui les éprouvait disait naguère : « Il me semble maintenant que je me trouve dans un autre monde, où régnent la paix et le bonheur. » C'est à la médaille de St. Benoît et à elle seule qu'elle attribue cet heureux changement. Des choses presque identiques à celles que nous venons de rapporter sont arrivées tout récemment pour un jeune homme qui avait assisté dans les cercles *spirites* à plusieurs séances de *tables tournantes* et de *nécromancie*. Il lui semblait, au milieu des assauts terribles que le démon lui livrait par moment, qu'il n'était plus maître de lui-même. Une personne pieuse lui donna une médaille de St. Benoît ; il la reçut avec foi et dès ce moment, il sentit renaître en lui le calme et la paix.

Nous pourrions encore faire plusieurs autres citations plus ou moins frappantes de ce genre, qui sont parvenus seulement à notre connaissance dans ces derniers temps ; mais les divers faits que nous venons de rapporter étant plus que suffisants pour nous donner une juste idée des vertus de cette médaille, nous nous arrêtons là. Les personnes qui désireraient de plus amples détails à ce sujet peuvent se procurer la traduction du petit opuscule sur la médaille de St. Benoît par Dom FRANCESCO, moine du Mont-Cassin ; ou bien encore le petit ouvrage que le R. P. Dom GUÉRANGER, abbé de Solesme, a fait paraître sous le titre : *Essai sur la médaille de St. Benoît.*

FIN.

TABLE

Avant-propos. v
Apoplexie. 1
Maux d'yeux. 27
Rhumatismes. 35
Gravelle ou pierre. 42
Fluxion de poitrine et pleurésie. 49
Rage. 51
Epilepsie ou mal-caduc. 57
Morsures de vipères et autres reptiles. . . . 63
Scrofules ou écrouelles. 65
Fièvres. 72
Charbons et pustules malignes. 79
Brûlures. 82
Tumeurs et loupes. 86
Sciatique ou mal de reins. 92
Coliques. 94
Gouttes. 100
Dyssenterie. 104
Hydropisie 110
Panaris et plaies. 116
Soudures des chairs séparées. 122
Meurtrissures et mutilations. 124
Surdité. 130
Carreau et vers des enfants. 136
Les 4 remèdes d'un religieux de St-Jean-de-Dieu. 141
Pour ne point s'écorcher étant malade. . . 145
Phthisie ou maladie de poitrine. 147
Jaunisse. 154
Dartres rebelles. 158

Mal de dents.	162
Gale.	164
Teigne.	165
Goître ou gros cou.	167
Hernies.	169
Eau de santé.	176
Rhume et toux.	180
Erysipèles.	183
Fractures, entorses et foulures.	185
Contusions.	187
Rougeole.	189
La clef du succès pour les remèdes.	190
Procédé pour composer les liqueurs.	193
Procédé pour la composition des vins fins.	211
Goudron.	225
Conservation des haricots verts.	227
Conservation du raisin.	229
Mastics divers.	234
Veilleuses économiques	241
Dorure et argenture.	244
Conservation du vin.	259
Coloration du bois.	261
Allumettes chimiques.	266
Lessivage économique.	272
Encre de différentes couleurs.	274
Composition d'une pâte pour les rasoirs.	275
Composition d'une bière à 5 centimes.	276
Conservation de la pêche, abricot, etc.	299
Fabrication du lait végétal.	283
Fabrication d'un bon vinaigre.	286
Conservation des œufs.	287
Recette pour faire soi-même un baromètre.	288
pour préserver des mouches les animaux.	290
Pa.. t tr.. é des maléfices.	292

ERRATA.

Page 101, ligne 17e, lisez *diminue* au lieu de *vient*.
Page 156, e 7e, lisez *et* au lieu de *ou*.

Roanne. — Imprimerie Ferlay.

Roanne. — Imprimerie FERLAY, rue du Collége, 9.

www.ingramcontent.com/pod-product-compliance
Lightning Source LLC
Chambersburg PA
CBHW050542170426
43201CB00011B/1527